JN027754

クライシス・カウンセリング

上級編

crisis counseling

戦略的カウンセリングスキルとうつの社会復帰支援

下園壮太・小野田奈美 監修
メンタルレスキュー協会 著

Ψ
金剛出版

はじめに

令和の時代になりました。これからはAIがものすごい勢いで発達し，人の仕事を担っていきます。カウンセリングもそうです。

中途半端なスキルのカウンセラーは，資格云々ではなく，クライアントから選択されなくなります。一部の，本物のカウンセラーしか生き残らず，あとはAIカウンセラーの操作とお手伝いをする人になるでしょう。では，本物のカウンセラーとは何でしょうか。

人は何か困った時に相談しますが，その時クライアントが必要としているものは，一つ一つ違います。また，時にはクライアント自身も自分が本当に求めている事に気がついていない事もあるのです。そのような本当のニーズを探しながら効果的に進めるスキルは，まだまだAIには望めないでしょう。戦略的にカウンセリングを進めるスキルです。

このスキルは，AI時代に必要になるのではなく，当然今でも必要なスキルです。

ところが，いわゆるCS（顧客満足）とかニーズというサービス業では当たり前の視点が，残念ながら現在の日本のカウンセラー教育ではあまり意識されていません。どちらかというと治療を提供するという上から目線の支援になってしまっています。

また，残念ながら，クライアントも他のカウンセラーがどんなカウンセリングをしているのかがわからないため，与えられているカウンセリングで，「こんなものだろう」とある程度満足している部分もあります。これでは，カウンセラーのスキルも上がらず，クライアントの本当の幸せも追求されません。

ところがこれからは，5Gの発展で，すべてが画像として記録される時代です。密室だったカウンリングの様子も，クライアントのプライバシーに配慮した形でオープンになっていくでしょう。またテレビによるカウンセリングがあたりまえに使われるようになります。そうすると，やはり本当に実力のあるカウンセラーしか残らなくなります。

本書では，学術的アプローチというより，仕事（サービス業）としてのカウンセリングの進め方を解説します。自己満足でなく，本当にクライアントの満足度を高められるスキルです。

クライアントの偽りのない笑顔を見られるようになれば，カウンセラーとしてのあなたの自信も大きくなりますし，AIの時代になっても，クライアントに必要とされる「本物」のカウンセラーになることができるでしょう。

注意

本書は『クライシス・カウンセリング』（金剛出版，2018）で紹介したクライシスカウンセリングの基礎知識を前提として，上級のスキルを紹介しています。

『クライシス·カウンセリング』で解説した用語には※をつけて表示しました。巻末に簡単な「用語の解説」をつけておきましたが，詳しくは『クライシス・カウンセリング』の本文を確認していただきたいと思います。

目　次

第1章

上級のスキルとは

世の中には上級，シニア，エキスパートなどの肩書を持つカウンセラーはたくさんいます。ただ，そのような方のカウンセリングは，案外とても狭い視野だけで行われていることが多いのです。確かにその視点，理論では，深い見識を持っている。学問としても興味深いでしょう。しかし，それが現実のクライアントが望むものかどうかは，あまり意識されていません。

チーム医療のような取り組みの中では，ある分野だけのエキスパートも有効です。ところがカウンセリングは，通常一人のクライアントを一人のカウンセラーがサポートしていきます。そのような構造の中でCSの高いカウンセリングを提供するには，深さより，広さが重要になります。

このように表現すると，私は人生経験が少ないから広い支援はできない，と考える人もいます。それは，問題解決と心のケアを混同している方です。

確かに問題解決のためには，幅広い人生経験が必要でしょう。ただ，カウンセラーは問題解決を目指すのではなく，心の整理を手伝う仕事です。心の整理のために知らなければならない「広さ」とは，人の心の特性全般のことです。

一方，ある心理テストについて詳しいとか，ある精神疾患について詳しい，ある治療法，セラピーについて詳しいというような，専門性を重視して学習していくと，その分野における知識や考え方は深くなっても，実際の支援での対応はどうしても「狭く」なりがちです。私は相談の専門家ですというアイデンティティが欲しくて，どんどん専門性を磨くカウンセラーがいますが，本当に頼りになる心のプロは，心の動き全般，についてよくわかっている人で，特定の療法や心理テストだけに精通している人ではありません。

本書で扱う上級スキルとは

本書では，「CS を高めることを目的に戦略的にカウンセリングを進めていく力」を上級のスキルと位置付けています。

本書ではそのスキルをご紹介していきますが，その前に，今皆さんが身につけているスキルをきちんと評価しておく必要があります。客観的に見られるように，比喩的に考えてみましょう。

あなたが山登りのガイドだとしてください。どんな能力が必要でしょうか。

まずは，何度か山に登り，登山ルートを知れば，初級ガイドになることはできます。きちんと間違わずにルートをたどることができます。どこが危ないか，どこの山小屋にはどんな施設があるか，そのルートに関する基本的なことは，知っています。

ただ，雨が降り出した時，お客さんの体調がすぐれなくなった時などのルート変更や，緊急時の臨機応変な対応はできません。次第に経験を積むに従い，一つのルートだけでなく，いくつかのルートを覚えます。また，ルート中の難所の登り方にも，詳しくなり，上手なアドバイスをすることもできます。こうなると中級レベルです。山岳ガイドらしくなってきました。

ただ，もしお客さんが，ガイドよりかなり年配で，ガイドのスピードについていけない，あるいはガイドは山登りの達成感を重視するのに対して，お客さんは高山植物を見るのが主目的で，山頂にはこだわっていない，などという状況になったらどうでしょう。

中級レベルのガイドが，一生懸命に支援しても，いえ，一生懸命にガイドしようとすればするほど，結局お客さんの CS は上がりません。中級レベルは，そのガイドの体力や感性に合うお客さんしか上手にサポートできないのです。

本当に人気の上級山岳ガイドは，まずお客様をよく観察し，何をニーズにしているのかを知ろうとします。

もし，サンダルしか持っていなかったら，靴を買いに行くところから始めるでしょう。お客様の体力や時間をきちんと把握し，お客様が満足するような，適切な登山ポイントを選び，そこに誘導します。ニーズに応えるというのは，お客様の言う通りにするということではありません。たとえばある山の写真が撮りたいから，その山に行きたいというお客さんなら，その言葉通りにするのではなく，その地方を知っている専門家として，一番お客さんが満足しそうなポイントを提示し，そこで撮った写真を見せ，そこまでの経路，時間，大変さなどをきちんと説明して，目標を決めていくのです。

つまり，上級山岳ガイドには，

- 一つのルートやその細部だけではなく，山全体の特性をよく知っていること。
- 状況の変化に臨機応変に対応できること。
- 適切な情報提供によりお客様のニーズを掘り起こし，そこへの意欲を高めることができうること。

などが求められるのです。

これをカウンセリングのスキルで考えてみましょう。

- 心理学の基礎知識を持っている。

これはガイドなら，その地方の地理や歴史の勉強をしましたというレベルです。山岳ガイドの「募集試験レベル」。単なる知識の話なので，お客さんはネットで調べられます。多少は実務で使うことはあっても，それだけでCSが飛躍的に向上するわけではありません。

- 傾聴のスキルを持っている。むやみに自分の意見を押しつけず，相手の話を共感ベースでじっくり聞くことができる。

これは，山岳ガイドにたとえると「初級レベル」。自分の力でどこに行きたいかを決められる状態のクライアント力（『クライシス・カウセリング』（2018）で解説，以下※）があれば，これで楽しく山登りができる人も多いものです。

- MC（メッセージ・コントロール）※ができ，素早くクライアントの信頼感を得ることができる。また，ある特殊なケースへの対応力がある。

これは山岳ガイドの「中級レベル」。『クライシス・カウンセリング』で紹介した内容で，メンタルレスキュー協会では基礎講座でトレーニングしているレベルです。MCにより深い受容と共感を表現し「味方」※の関係を作ることによって，クライアントに安心してもらう。また自殺念慮や惨事※などの難しいケースにも対応できるスキルがあります。

また，一般的に「上級レベルのカウンセラー」と認識している方の多くは，本書の定義でいえば，初級のスキルに特殊な知識だけを深めた，変形の中級レベルと言えるでしょう。

では上級のカウンセリングスキルとはどのような要素を満たすべきなのでしょうか。

- 人の心の大きな特性を知り，変化する状況を正しく把握し，目標の管理をしつつ，戦略的にカウンセリングを提供できる。

このレベルを育てるために，一番よいのは，上級のSV（スーパーバイズ）受けながら多くのケーススタディをすることです。

ところが，それは物理的に難しい場合が多いのです。そこで本書では，文章や講座形式で学べる範囲のスキルをまとめてみました。

それは，戦略的に考える視野，目標選定のスキル，価値観の整理，心の大きな特性の理解（納得），情報収集のスキル，時間管理のスキル，周囲へのアプローチのスキル，終わり方のスキル，戦略を柔軟に変えるスキルです。

また，これらのスキルを総動員しながら支援しなければならない，うつからの社会復帰の支援を後半にまとめてみました。

忘れてはいけないこと

このように本や講座で学ぶと，どうしてもそれが一番重要な知識だと勘違いしがちです。しかも「上級」などというタイトルがあるとなおさらです。実は，CSのためにいちばん効果があるのは，やはり中級クラスまでの「基礎，基本のスキル」がいかにしっかりしているかなのです。

結局一番大切な基本の登山ルートを忘れているガイドは，いかに配慮があり機転が利き，隠れた名所をたくさん知っていても，CSは上がりません。

基礎講座（『クライシス・カウンセリング』）で学んだ9メッセージ※，5ステップ※，要約・質問※，うつ・惨事の反応※，特に四つの特徴的なつらい反応（四つの痛いところ）※への触り方，がけ崩れ対策のスキル※は，上級のスキルを身につけながら，さらに磨き続けてください。

第2章

カウンセリングを戦略的に進めるということ

各論に移る前に，戦略的にカウンセリングを進める，ということについて，もう少しイメージアップできるように解説しておきたいと思います。

カウンセリングは，PDCAでなくOODA

戦略的とは，大きな視野（幅広さ，長期）で，目的を効果的に達成する手順を考えられるということです。

戦略的でない，局所，短期的視野しかないカウンセラーは，きちんと話を聞けていても，「場違い」な発言やリアクション，アドバイスをしがちです。

どうしてそうなってしまうのでしょうか？　二つの側面があります。

一つは，カウンセリングを一般的な問題解決の手順で行おうとしてしまうことの弊害です。もう一つは，定義や目標に対する固定的な考え方に縛られているからです。

一つ目のテーマから説明しましょう。

一般的な仕事を進める方法として，PDCAサイクルが知られています。

まず既存の知識を学習し，それをもとに最終目標を決定し，それを下位目標に落としながら，当面の目標を達成するための綿密な計画を立てます（Plan）。あとは，計画通り実行し（Do），その成果を確認し（Check），それを修正する（Action）という流れです。企業運営などにも応用されています。

ところが，AIがすさまじい勢いで発展している昨今は，この手法が見直されつつあります。計画し行動するころには，もうベースにしていた知識や環境が変化してしまっていることが多いからです。

これからの主流は，OODAループと言われています。まずは，大きな目標を意識した後は，その視点でしっかり観察し（Observe），その中から問題解決につながる特性を見出し（Orient）そこに対する行動を決め（Decide）実行（Act）する，そしてまたよく観察するという流れです。

実は，心の問題には，この OODA ループの手順の方がなじみます。

後で「心の特性」の項でも紹介しますが，心は，どんどん変化するからです。また，クライアントをとりまく環境も変化します。決め打ちの支援では，なかなか期待する効果が得られにくいのです。

心の支援では，よく観察してみる，その中で，何がポイントになるのかを想像してみる（「あたり」をつける），そこに刺激を与えてみる（行動），さらによく観察し，変化を確認して行く，という方法論。簡単に言えば，「行動しながら考える」というスタイルが現実的なのです。

たとえば，傷つきやすい傾向のあるクライアントがパワハラを受けて，うつ状態になっているとします。クライアントの内面だけに焦点を当て，過去の成育歴から，トラウマを探し出し，それを癒していくプロセスを進める。確かにそのアプローチもあります。

ただ，引き続き強いパワハラを受けていては，その心理プロセスも進みにくいのです。大きく考えると，まずは，職場と連携して，現実のパワハラのストレスを軽減する。

次に，パワハラで消耗し尽くした，精神的疲労を抜くために，少し仕事をお休みする。

その時点で，当初目立っていた脆弱性（たとえば過剰な被害者意識）が残っており，それを変えていく必要性（問題意識，意欲や時間）がクライアントにあれば，その時点で初めてトラウマをターゲットにしたセラピーを行う。

これが，戦略的支援です。

この場合，PDCA サイクル型の思考では，

「このクライアントの成長を促す」が，最終目標。

そのために，「クライアントの内面の脆弱性を補強する」が中間目標。そのために，「成育歴をチェックし，トラウマを話してもらう」が当初の目標になります。

一方で，戦略的な支援では

「クライアントに少しでも楽になってもらう」が最終目標。

そのために，「とりあえずパワハラ刺激から距離をとってもらう」が中間目標。そこで，様子を見て次の目標を考えるという流れになるでしょう。

定義や目的・目標に対する固定的な考え方から自由になる

このケースでは，私たちは，現実のパワハラ対処，次に疲労対処，最後に内面の感受性の改善支援，という流れで支援しますが，いわゆる専門的トレーニングを受けてきたセラピストほど，いきなり「クライアントの内面」を触りたがる方が多いようです。それは，「カウンセラー」の定義に縛られているからです。カウンセラーとは，「こういうもの」と，教わったことから離れられません。

学習から入ったカウンセラーは，「カウンセラーは，こういうもの」というその組織や流派が持つ固定的な価値観を，学習の過程で無意識に刷り込まれている可能性があるのです。学習は効果的に成長を促しますが，同時にこのような視点の枠も学んでしまうのです。その組織，学習環境では当たり前のことなので，疑問も持ちません。

しかし現実のクライアント支援の場では，誰が何をすべきかは，何が求められているのか，や，対応する人数，各人が持っているスキル，時間，場所などの変数の中で，決まるものです。たとえば，「カウンセラーとは，内面の支援だけをするものです。守秘義務があるので，カウンセリング内容の組織には一切伝えません」というカウンセラーの定義や禁止事項に縛られる人は，パワハラ被害者の訴えに対し，会社に改善を求めることはしないでしょう。戦略的アプローチなどできなくなり，どうしてもクライアントの内面をいじくりまわす作業に集中してしまいます。

真面目な日本人は，こうあるべきという指標に忠実に従うことを是としています。それは悪いことではないのですが，目的からずれてしまっていても，それに気がつくことができません。「カウンセラー」「カウンセリング」などの表面の言葉にあまりとらわれず，「他者の支援をする」という大きな目的を意識するようにすると，バランスのよい支援ができるようになります。

もちろん，目的のためには，何でもありというわけではありません。目的を達成するには，中間の目標やそれを達成する手段やプロセスが必要ですが，それぞれに，メリット，デメリットがあります。実際にはそれらを総合して，目標も柔軟に変更しつつ，今この状態で，クライアントのために最善を尽くすことができるのが本当のプロだと思います。

（注：本書では大きな方向性を目的，それを達成するための具体的なゴールを目標と呼びますが，実務上はあまり区分して使い分ける必要はありません）

幅広い情報収集と見立てのスキルを身につける

戦略的支援のために欠かせないのが，幅広い情報収集と見立てのスキルです。

現実のカウンセリングはケースごとにまったく違います。幅広い視野で，支援にかかわる必要な情報を得なければなりません。

上級になればなるほど，クライアントの求めるものや，クライアントの状態を短いプロセスで把握できます。いわゆる「情報収集と見立て」のスキルです。

後で紹介する「人の心の特性」をよく知っている人なら，状況把握の質問や目標の提示に「あたり」を付けることができ，カウンセリングが非常に効果的に，効率的になっていきます。

その「あたり」の代表例が，『クライシス・カウンセリング』でお伝えした四つの痛いところ※，９メッセージ※です。

先のパワハラ事例も，いきなりトラウマ治療をすると，エネルギー（負担感）と自信（無力感）を刺激してしまいます。意識，無意識からの抵抗が強いでしょう。

現実のパワハラのストレスを緩めてあげれば，「今日も仕事に行かなきゃ」の「負担」「不安」「自責」へ対処できます。そのうえで，カウンセリングではこれまでよく頑張ってきたことを認め（がんばっているねM）※，職場から離れていいことを伝えます（責めなくていいよM）※。カウンセリングを進めるうちに味方感が醸成され（第３の無力感※のケア），言いにくいことも話してくれるようになります。休養の阻害要因となる家族のことや，金銭面の不安などを聞ければ，そこへの対処も一緒に考えることができるのです（必要な情報収集）。そうすると，休養をとることも受け入れてくれるようになり，回復が始まります。

このようなケースの場合，クライアントの性格傾向や，過去のつらい体験からどうして立ち直ったか……などを聞いても，今のプロセスでは，あまり役に立ちません。目標に至るための必要な情報に「あたり」をつけ，それを端的に聞いていきます。

下手な人でも，運がよければ，自分の提示した方向性，質問，アドバイスが当たるかもしれません。ただ，それでは再現性が低く上級にはなれません。

自分自身についての情報収集も大切

通常情報収集というと，クライアントやその周辺のことを考えると思いますが，孫子が，「敵を知り，我を知らば百戦危うからず」と言っているように，実はカウンセラー自身についての情報収集（自己チェック）も重要な要素になります。

というのも，カウンセリングとは，人が人に対応するスキル。自分自身もいつも同じ意欲，感性，思考速度，余裕で対応できているとは限らないのです。クライアントの特性（年齢，性別，職業，役職，趣味……）や，性格，病気などに対する経験値，慣れによっても，無意識のうちに対応が変わるかもしれませんし，それらに対する偏見があるかもしれません。

これまでの，医療系・教育系カウンセリング教育では，カウンセラーは，常に上の立場の人，「知識があり，冷静で何の問題もない人物」という前提があったような気がします。それは，完全におごりであり，幻想です。カウンセラーも一人の人間，それを認めて，自分自身の状態をきちんと把握しながら支援をしなければ，結局クライアントのためにならないだけでなく，期待する支援ができない自分自身に幻滅してしまうことになります。

このテーマについては，「カウンセラーの価値観」や「カウンセラー目標」という項目で，さらに深めていきたいと思います。

適切な説明力

上級の山岳ガイドは，登山者のニーズに「あたり」をつけて，情報を収集し，真のニーズを特定し，共通の目標を設定していきます。

ただ，そのプロセスの中で，情報提供，つまり必要なことをわかりやすく説明するスキルも必要になります。

というのも，カウンセラーにとっては慣れ親しんだ山でも，クライアントは初めてかもしれません。その山にどんな魅力があるのか，ガイドはどんな能力があるのか，それぞれの目的地に行くのに，どんな障害があるのか……。「どこに行きたいか」を決めるためには，クライアントも情報を必要としているのです。

その時もしガイドが，専門用語や「わかっているつもり」で解説したらどうでしょう。クライアントは，きちんと自分のニーズを明確にしたり，それを伝えることができず，結局，カウンセラーは独りよがりのガイドに終始してしまうことになります。

現実のカウンセリングでも，助けとなる専門知識や見識をクライアントに伝えることで，クライアントが大きく安心する場面が多いのです。通常のカウンセリングトレーニングでは，説明するというスキルをあまり鍛えません。心理教育という考えはありますが，それを具体的に「練習」している人は少ないでしょう。

この時，重要なのは，「正しい」情報を伝えることではなく，クライアントが安心する情報を提供することです。

学術的に正しい情報をそのまま伝えられて，傷つくクライアントが多いことは，『クライシス・カウンセリング』でも解説しました。カウンセラーはクライアントの心の痛みをきちんと理解したうえで，クライアントを元気づける，勇気づける情報提供をするべきなのです。

また，何を伝えるかもそうですが，どう伝えるかも重要です。というのも，クライアントは悩んで，不調に陥り，集中力がなく，思考が回らず，感情のバイアスによって，情報を偏って受け取る人がほとんどだからです。

ここでは，『クライシス・カウンセリング』で解説した，裏メッセージ※やクライアントの四つの思考の偏り※などへの配慮がとても重要になります。

戦略的カウンセリングのための話題の選定

「あたり」，とは，何のために何を聞くのか，というカウンセリングの中での話題の選択でもあります。上級でない人は，話題の選定が偶然であったり成り行き任せであることが多いです。

上級者は，連れて行きたいいくつかの目標を想定し，そこに行きたいのか，行けるのかを探りながらカウンセリングを進めます。ただ，情報が少ない場合は，少ないなりに，プロセスを進めます。たとえば，「味方になる」という山は，かなり手前にあります。ですから，あたりがつけられなくても，まずは「味方になること」を目標に，カウンセリングを始めます。富士登山で言えば，富士山土産を買うだけで帰るか，少し登って景色を楽しむか，頂上まで登ってみるか，それぞれのニーズや状況に応じて対応するにしても，まずは５合目の登山センターまで行く。これが当初の目標になります。

さらに旅行会社に来たお客さんへの対応の比喩で考えてみましょう。

旅行会社に来た，という時点で，旅行をしたいのだ，という大きな方向性を予測することができます。年配の男女なら，ご夫婦の旅行。鎌倉を推したチラシが配られた翌日なら，鎌倉への旅行の可能性が大です（このような情報を「場」の情報と呼びます）。

そう質問すると，やはり「夫婦で鎌倉へ行くおすすめツアー」をご希望のようです。

そこからどこに行きどう過ごすかを一緒に決めていくプロセスに入ります。ところが一般的なセラピストは，鎌倉に行きたい（主訴）を聞いただけで，すぐにお寺巡りツアーを組んでしまうのです。

少し慣れてきたツアーガイドは，海に行くことも考慮します。

鎌倉を知り尽くしたガイドは，「時間は？　食事の好みは？　何に興味がある？　予算は？　子どもは？　旅行手段は何？　鎌倉何回目？　以前はどこに行った？」など必要な情報を集め，相手が満足しそうな提案をします。その時はその提案が受け入れられそうな，簡潔でわかりやすく，魅力的な解説（説明）をするでしょう。

上級のカウンセラーは，自然に必要最低限の情報収集をして，「あたり」をつけられますが，中級者は，あたりのつけ方がわからないので，たくさんの世間話をしても，結局重要な情報や説明をスルーしてしまうこともあるでしょう。そこで，本書では，カウンセリングでスルーしてはいけない情報を**「バリア病E預金ミカタ」**という項目で教えています。旅行をプランする時の「人数，日数，予算，重視する項目，体調」などの基礎データの項目と同じレベルだと思ってください。

医療的「見立て」との違い

本来「見立て」とは，医療で原因（病名）を想像することです。それを前提に，更なる情報収集と，治療プロセスを進めます。

カウンセリングも学問から入って，医療や教育系で働くことが主体の方は，見立てを大切にしているようです。医療のチームとして働く場合は共通の認識を持つうえでもとても重要になるでしょう。

ただ，カウンセリング単独で見る時，このような医療的見立ては，クライアントのためというより，どちらかというとカウンセラー自身のために使われている傾向があります。

見立てを考えている時は，推理小説のような感じで，少し高揚感があります。

また，カウンセリングがうまくいかなくても，見立てを立て直すことで，カウンセラー自身が落ち着くことができます。

これに対し，戦略的視点での支援は，あくまでもクライアントのCSを上げるための手法です。そのため，病気という小さな視野ではなく，クライアントの幸福という大きな視点での，目標とそこまでのルート（見立て）を考察していきます。

したがって，見立てを考える際に，クライアントの内面だけでなく，カウンセリングに至る経緯や当面の課題，カウンセラー自身について（価値観など），カウンセラーとクライアントの関係（後で紹介する味方度），周囲のサポートや障害，さらに季節の変動や経済状況の流れまで考察していきます。

この戦略的視点をわかっていないと，たとえ数多くのカウンセリングを経験しても，自分のレベルでの「振り返り」しかできません。

一日８人のカウンセリングを，10年経験したというベテランであっても，同じ思考，同じ視点でのパターン的カウンセリングしかしていなかったら，パターンの視点での自己評価しかできなくなってしまうのです。確かに経験を積んでいるので，おどおどしないし，ある局面への対応はうまくはなっても，結局クライアントのCSを高める支援になっていない場合もあるのです。

また，同じ学びに時間と努力をかければかけるほど，学んだことからしか考えられなくなります。これを「学びの弊害」と呼んでいます。

たとえば，先のパワハラの相談者への対応。成育歴が重要と学んだカウンセラーは，クライアントの苦境を，成育歴のせいと考えました。クライアントは，組織の対応や助けてくれない周囲の人への怒りを話したいのに，成育歴の話題に終始してしまう。

そして，そのカウンセリングが停滞した時，新たな見立てを求めてSVを受けますが，スーパーバイザーは，同じ系統の先輩に求めることが多いので，成育歴をもっと深く探索する方法などを，二人で真剣に検討してしまうのです。

クライシス・カウンセリングにおける戦略視点の意義

本書では，クライシスカウンセリングとは，悲惨な出来事の直後のクライアントや死にたい気持ちが生じているクライアントに対応するカウンセリングのことを指します。

クライシスカウンセリングでは，クライアント力※が低く，また状況も切迫していることが多く，何らかの対処や方向性を早く見出してあげたいという特性があります。周囲の巻き込みが必要になってくることが多いのです。また，生死がかかわってくることも多く，カウンセラー自身もかなり動揺，緊張・消耗します。

このような場面では，誰もが魔法を求めたくなるものです。カウンセリングを勉強している人は，こういうクライアントには，こういう質問をすればいい……というような万能の解決パターンを求めたがります。

残念ながら，魔法はないのです。たまに，パターンが当てはまる時もありますが，そうでない場合の方が多くなります。

たとえば，クライシスの人に「頑張れ」と言わないこと，がその代表です。これを魔法のように受け止め，頑張れという言葉を絶対使ってはいけないと思い込み，そう実行している方も多いのですが，頑張れという言葉は言わなくても，クライアントにとっての「頑張れメッセージ」※をどんどん出してしまっているのです。何が頑張れメッセージになるのかは，その人，その状況によって異なります。まずは状況を正しく把握することがから始めなければなりません。

パターンで覚えた人の弱点は，大きな目的・目標を意識できないこと。幅広く継続的な情報収集ができないことです。

『クライシス・カウンセリング』では，重要な基礎・基本のスキルを紹介しましたが，そこでは効率を上げるために，初めての方でも，ある程度のパフォーマンスを出せるために，構造化面接を紹介しています。これもパターンです。ですから，そのパターンだけに頼ってはいけません。大きな目で見て，パターンをアレンジして，そのケースごとの最適解を求めていかなければ，クライアントの力にはなれないのです。

戦略的カウンセリングをすれば，①クライアントに自分の現在地と回復のための方向性を認識してもらい（希望の光を感じてもらい），②カウンセラー自身も自分が何をしているかをきちんと把握し，進め方の不安を少なくすることができ，③周囲に説明し理解を求めることで，周囲の不安を予防し，周囲からの悪影響を減らし，周囲の協力を得ることで，総合的にクライアントを早く苦境から救い出す支援ができるのです。

これができるかどうかが，カウンセリングでの成果，つまりクライアントのCSを決めることになります。特に女性カウンセラーには，この戦略的視点が弱いため，「よく勉強して，ある程度聞けるけど，それ以上になれない」方が多いようです。一方，男性カウンセラーは，戦略的視点はあるけれど，仕事のようなPDCAサイクルの問題解決思考から離れられないところが強く，また基礎・基本のスキル，心の全体特性の理解（「あたり」のつけ方）に弱点があり，そもそも入り口でクライアントに拒否されるケースが多いのです。

第3章

定義，目標について

カウンセリングの定義について考えてみる

カウンセリング，カウンセラーの定義について，もう少し考察してみましょう。

カウンセラーが，定義によって縛られると戦略的な支援ができないことは先に触れました。それだけではありません。定義・目標についてきちんと認識していないと，自分の行動や作業を適切に評価できないのです。評価が適切でないと，対策も的外れになるし，自信も生まれてこない。また，自分の実力以上の問題を抱えていても，それを適切にリファーすることもできません。

カウンセラー，カウンセリングをどのようなものととらえているか，つまり定義には，「このような働きをするべき」という期待値や，「こうしてはいけない」という禁止事項も含まれます。

たとえば，あるクライアントが，これまで話せなかった「死にたい」という思いを話して，涙を流して終わったカウンセリングがあったとしましょう。「カウンセリングは，内面の成長を促すもの」という定義を持っているカウンセラーは，「私は彼の内面の成長を促せなかった。死にたい気持ちを変えられなかった。ただ，クライアントに苦しい思いをさせただけだ」と自己評価するかもしれません。反省点は，もう少し生きる意味をきちんと説得しなければ……です。これでは，せっかくよいカウンセリングをしていても，カウンセラーは，自信を失いますし，次回は，そんな対応をするカウンセラーからクライアントも離れていくでしょう。

クライシスカウンセリングに慣れたカウンセラーなら，同じカウンセリングに対して，「しっかり味方になれたからこそ，死にたい気持ちを打ち明けてもらった。涙は，我慢していた感情を表現できた安心感からだ」と，よいカウンセリングだったことを評価できます。そして今後は，「どうすれば苦しみが少なくなるか，できることを一緒に考えていけばいい」となります。
　定義が違うと，評価と行動が変わってしまうのです。

現実的カウンセリングの定義とは

　私たちは，カウンセラーが定義で苦しまないように，カウンセリングの現実的な定義（それに伴う価値観）として，次のようなものを提案しています。

①カウンセリングとは，困っている人を相談を中心に支援すること

　セラピー然としたことだけをしたがるカウンセラーがいますが，それはカウンセラーの都合，価値観です。自分に聞いてください。私は，カウンセリングをしたいのか，支援をしたいのか。通常，クライアント，特にクライシスのクライアントは，「カウンセリングをしてほしい」というより，「何とか助けてもらいたい」だけのことが多いのです。
　一対一の面談をすることだけでなく，必要があれば組織や家族への説明や，心理教育など，できることは積極的にやるべきだと思います。ただしそれが，大きな目標を阻害する場合，バランスをとりながら実施します。
　例：組織への情報提供は，カウンセラーがプライバシーを漏らすという悪い噂が立たない範囲で実施する。

②少しでも，クライアントが楽になってもらえばいい

　内面の成長や，病気の治癒を目指すのではなく，今の状態より，少しでも楽になる方向性の支援を，クライアントが望む限り，続けていけばいいと考えています。

③相談の中でも，現実問題対処中心ではなく，感情面の苦しさを小さくする支援をする

　クライアントのトラブルには現実問題と心（感情）の問題があります。通常，現実問題の解決に目が向きやすいのですが，カウンセラーは，感情面の苦しさを緩めることを中心に支援をします。もちろん，現実問題と感情面は，切り離しにくい部分もあります。感情が整理できないと，現実問題は解決しにくいし，現実問題がある限り感情的になります。いずれにしても，問題解決だけの側面ではなく，感情面を重視した相談で支援していきます。

④思考が回りやすい脳の状態にし，クライアントが納得する考え方や解決策にたどり着くための支援をする

カウンセラーが思いつく「楽になる考え方」や解決策を提示し，それを押しつけるのではなく，クライアントが納得できる考え方や解決策にたどり着けるようにする。そのためには，会話のリズムや盛った要約※などのMCなどを通じて，クライアントが，比較的冷静で客観的な思考ができる“脳の状態”にしていく。

ただこの「納得感」を追究する時，クライアントの発案をひたすら待つというスタイルでは，逆に思考の負荷をかけてしまいます。提案を含め，要約や質問で思考の援助をしつつ，結果としてクライアントが自然に納得できる度合いを深めるように進めます。

⑤カウンセラーはジョーカー

たとえば，あるクライアントがうつからの職場復帰をする際，サポーティブな対応だけでなく，ピリッとした刺激が必要な場合があります。カウンセラーは，クライアントを取り巻く環境全体を見て，サポーティブな支援が少ない場合は受容的態度を，ピリッとした刺激が少ない時は，励まし側の対応をとります。バランスをとる係でもあるのです。

目標について

一般的にカウンセリングの目標というと，「クライアントの主訴にどのように応えるか」を考えると思います。戦略的カウンセリングを進める時，もう少し幅広く目標について理解しておく必要があります。

目標とは何かを，白紙的に整理しておくと，「目標は，人の活動に方向性と，意欲（モチベーション）を与え，その活動を評価する基準にもなるもの」です。

意欲を高める目標であるには，

- 本当にその人が重要だと思っていること（十分な意義）
- 実行することが可能だと感じられること（実行可能性）
- 達成したことが何らかの形に現れること（評価の明確性）

の三要素が必要だと言われています。

また目標には，到達地か大まかに進む方向性のどちらかのイメージが含まれます。

意識しておきたい３つの目標

「今回のカウンセリングは，どんな目標を持ちながら行った？」と聞くと，実はいろいろな答えが返ってくるのです。

たとえば，「クライアントの成長です」「周囲に自分のことをキチンと表現できるようにすることです」「クライアントと信頼関係を結ぶことです」「共感することを目標にしました」「時間通り終わることを考えていました」などです。

これらは，どれも大切なことですが，性質が違います。

私たちは，カウンセリングに当たる際，３つの目標を意識するように指導しています。

一つは，カウンセリングをどのような方向に進めたいかという「カウンセリング目標」。これには，最終的な目標と，それを達成するための中間目標や，今回のカウンセリングでどこまで行くかという目標もあります。

もう一つは，カウンセラーがカウンセリングをする時に，自分なりに気をつけておくべき目標。自分なりの注意事項のようなものです。「自分は早とちりする方だから，まずは30分はしっかり聞こう」とか，とか「しっかり盛った要約をしよう」などです。これを，「カウンセラー目標」と呼んでいます。

三つ目は，クライアントに持ってもらう生活目標です。たとえば，「次のカウンセリングまで，不眠の状態の変化をよく観察してきて」とか，「お父さんに，進路のことを相談してみようか」などです。これを「クライアント目標」と呼んでいます。一回のカウンセリングの終結を上手にするためには，このクライアント目標の設定と，その説明が重要なスキルになっていきます。

カウンセリング目標は，「どの山に登るか」に当たる目標なので，山岳ガイド役のカウンセラーがメニューを示しつつ，多くの場合クライアントと共同で決めていくものです。しかし，クライアントの意思を確認する必要のない場合や，今のクライアントに説明しても正確な意思表示ができないとカウンセラーが判断した場合などは，カウンセラーは，カウンセリングの目標を明示しないか，あるいは大まかな方向性や当面の目標だけをクライアントに示すこともあります。

たとえば，「初回のカウンセリングは，信頼関係を深める」というカウンセリング目標でスタートすることは多いのですが，それをいちいちクライアントには伝えません。このような場合，カウンセラーだけが方向性を意識しているので，次に紹介するカウンセラー目標であるということもできます。

カウンセラー目標は，カウンセリングを進める際に，カウンセラーだけが意識・注意していることです。どの方向に進むかだけでなく，きちんと受容しようとか，提案は押しつけないようにしよう，５ステップ※を意識しようなどという，カウンセリングに関する注意事項もこれに含まれます。カウンセラー目標は，クライアントに伝える必要はありません。

クライアント目標は，カウンセリング目標と連動し，クライアント自身が，当面の問題にどう臨むかという目標です。元気であればクライアント自身で考察すればいいものですが，現実には，カウンセラーの方から提案することが多くなります。クライアントと密接に調整しながら，目標を決めていきます。『クライシス・カウンセリング』で紹介した，うつ・惨事対応の構造化面接では，「できること探し」と表現されていた部分です。

これ以外にも，無意識目標，短期目標・長期目標という考え方があります。「人の心の特性」の一つ（39ページ）でもあるのですが，ここで解説します。

無意識目標というのは，私たち人間が，無意識のうちに向かっているある方向性のことです。たとえば，私たちは，夫婦仲で悩んでいるクライアントの話を聞く時，「子どものために離婚はよくない，離婚は思いとどまらせよう」と無意識に考えていることがあります。それは，結局，カウンセリング目標に影響を与えてしまいます。

また，同じように無意識のうちに，ある方向性に引っ張られやすいのが，「短期目標」がある場合です。たとえば，過重労働によりうつになっているクライアントの面接で，その苦境を人事にわかってもらうための資料作りをしようということになったとします。短期的な目標です。そのために，誰に会って，どんな書類をいつまでに作って，人事にアポイントをとって……と，課題がありますが，クライアントも張り切ってそれを達成しました。しかし，結局そのことで消耗し，うつが悪化してしまったのです。短期目標は力が出やすいし，それで満足してしまう傾向があります。短期目標だけを単純につないでいると，結局，長期的な目標から遠ざかってしまうことも多いのです。

第4章

自分の価値観を整理しておく

本当に実力のあるカウンセラーは，自分が何ができ何ができないのかというメタ認知がしっかり働いています。

自分のスキル，体調，感受性，得意分野，時間的余裕などはもちろんですが，案外自分自身で気がついていないのが，自分の中にあるさまざまな価値観（思考･視点の偏り，こだわり）です。これらは，無意識目標として，カウンセラーの言動を支配しているのですが，カウンセラー本人にとっては，あまりに当たり前，普通のことなので，気がついていないことが多いのです。先に触れたカウンセリング，カウンセラーについての定義も価値観の一部です。

その他にも，カウンセリングの中で，人間的な価値観が出てしまいやすいテーマのうちのいくつかを，表に載せてみました（表）。

表：概念（価値観）を持ちやすいテーマ例

死，自殺，休職，精神科受診，薬，復職に望む態度，不倫，離婚，女性の権利，身体障害，犯罪，盗み，闇金融，アルコール依存，ギャンブル依存，仮病，家事・育児，専業主婦，宗教，権利と義務，暴力，性別，マイノリティ，性癖，たばこ，病気，障害，学歴，職業，出身，宗教，正義，責任，成長，義務，使命，プライド，権利，政治，趣味，救済者，弱者，被災者，被害者，常識，倫理，大人，社会人，正社員，派遣，フリーター，ニート，引きこもり，いじめ，パワハラ，セクハラ……。 たとえば　精神疾患，40歳でニート，水商売，○○○教，占いにはまる，競馬が趣味，離婚している，不倫，男女関係にだらしない，子どもを一人にする，子どもを親に預ける，親を介護施設に，女性なのに家事をしない，夫なのに嫁より稼ぎが悪い，借金をしている，責任ある仕事をする……など。

カウンセリングに臨むときのいろいろな価値観

仲間と，このようなテーマについて，いろいろディスカッションしたり，マスコミなどで取り上げられた時，自分がどう感じているかをチェックしてみるといいでしょう。

このような価値観の中でも，クライシスカウンセリングに臨む時に特に注意しておくべきいくつかの価値観を紹介します。

自殺させてはならない

この思いが強すぎると，解決策・対処法を早く伝えたい思いが前に出てしまって，話を聞かなくなってしまいます。味方になれません。

また，死にたい気持ちを確認するのが怖くなり，クライアントが死にたいという表現をしても，それ以上触れないで話をそらしてしまいがちになります。そのような態度は死にたいと思うことに対して持っているクライアントの罪悪感を，さらに刺激してしまうことになりますし，このことを相談しても，この人には助けてもらえない……という無力感も刺激します。また，カウンセラーが不安のあまり現実的対処にこだわると，結果的にクライアントに強い負担感を与えてしまいます。

自分が支援しなければならない

実力や経験不足で，カウンセリングがうまく進んでいなくても，「これを自分一人で乗り切らなければ自分が成長しない」というこだわりが強いと，誰にも支援を求められず，カウンセリングが停滞しがちです。クライアントも苦しみが長引きます。

自分の対処法を伝えなければならない

うつや惨事の経験者で，自分の回復体験をぜひ苦しんでいる人に伝えたい，伝えなければと意気込む人は，自分がこれだと思う対処法を，クライアントに強要してしまう傾向があります。

人はそれぞれなので，たまたまカウンセラー自身に効果があった方法も，クライアントに適しているとは限りません。情熱的に押しつけられると，強い「頑張れメッセージ」※になってしまい，逆にクライアントは苦しむことになります。

カウンセラーとして完璧に対応しなければならない

カウンセラーの定義にもよりますが，自分がクライアントの完全な回復を義務付けられていると感じると，カウンセラーが大きな負担感を抱えてしまうことになります。クライシス対応の時はなおさらです。

クライアントの反応が，自信の低下や不安，自責の念などがわき，カウンセラー自身がうつっぽくなってしまいがちです。すると，クライアントはカウンセラーを苦しめる対象になってしまいます。

このような状態になるとカウンセラーは，大きく二つの対応をとりがちです。

一つは，クライアントから急に距離を取ったり，クライアントの悪口を言ったりし始めます。クライアントを嫌いになってしまうのです。

もう一つは，自分のカウンセリングの不都合を誰にも知られたくないので，クライアントを抱え込もうとしてしまいます。

いずれも当然，クライアントのためにはなりません。

このようなケースでは，カウンセラーが持つ不安などを，クライアントで解消しようとしている部分があります。カウンセリングで生じたストレスは，クライアント以外で解消しなければなりません。自分なりのセルフケアを磨いておくことも重要です。

聞かなければならないVS聞いてはならない

二つの価値観がカウンセラーの中でせめぎ合うこともあります。たとえば，私たちは，クライシスカウンセリングに際し，つらい体験を本人が苦しくない程度に具体的に聞くことを勧めています。自殺未遂した場合はその細部，怒りで他者を殺しそうになった場合はその細部，事故に遭遇した場合はその細部を，丁寧に聞くことで「それは大変だったね」という共感が初めて成立し，味方の関係を作ることができる。

ところが，これを頭で理解しても，「苦しいことを思い出せば，つらくなるはず。そんな思いをクライアントにさせたくない」という概念が邪魔をして，現場ではなかなか上手に聞けないことが多いのです。また，つらい話の細部は，自分の感情も揺さぶられてしまうので聞きたくない，という無意識の抵抗（無意識目標）が隠れている場合も少なくありません。

『クライシス・カウンセリング』で解説しましたが，惨事の直後のクライアントは，むしろ話したいという欲求が強くなっていることが多いのです。また死にたい気持ちを持つクライアントも，そのことを口にしてその苦しさをわかってもらいたいという思いがあります。一般の会話の中で無配慮に聞くのではなく，カウンセリングの場で丁寧に細部を聞くことは，クライシスのクライアントの力になるのです。

ただ，このような価値観は，理屈だけではなかなか修正できません。現実場面に触れて徐々に修正されていくものです。

クライシス支援の現場で本当にクライアントの力になる聞き方をしている先輩などのカウンセリングに陪席したり，そのようなカウンセリングを受けたクライアントの感想を聞くことで，価値観のバランスの修正を少しづつ進めていければよいと思います。

アドバイスしてはならないVS何とかしなければ

これは，カウンセリング教育で学んだ「アドバイスしてはいけない」と，現場のクライアントの「助けてほしい」に何とか具体的に対応したいという価値観の葛藤です。

一言で言うと現場では，状況に応じて対応しなければなりません。どちらかの価値観が強すぎてはいけないのです。

情報収集の方法は，第7章で詳しくお伝えします。

大人の心の強さと子どもの心の強さ

このように，完璧にやりたい，全部やりたい，最後までやり遂げたい，一人でやりたい，成長しなければならない，達成するための努力を惜しんではならない，逃げてはならない……という価値観を持ち，そうでない場合，「心が弱い」と感じてしまう方が多いようです。この価値観を下園は「子どもの心の強さ」と呼んでいます。成長することが前提の子ども時代に，コントロールされた環境で通用した概念です。

ところが大人になると，違う心の強さが必要になります。それは，柔軟に目標を達成するために，時には妥協し，時には自分のケアを重視するという態度です。これは「大人の心の強さ」と呼ばれます。

子どもの心の強さにこだわるカウンセラーは，クライアントに無意識のうちに，子どもの心の強さを押しつけてしまいます。自身のカウンセリングの自己評価も過剰に厳しくなりやすいので，なかなか自信を持って支援できません。

カウンセラーもクライアントも，子どもの心の強さだけでなく，大人の心の強さも持てるようになると，より生きやすくなるでしょう。

カウンセラーとしての適性

このような価値観は，なかなか変えることができない部分があります。

また，相反する価値観の葛藤に，カウンセラー自身が深く悩みこんでしまうこともあります。

職業には，向き不向きがあります。努力すれば，どの職業でもある程度のレベルには達することができますが，上級になるには，センスやここで紹介した価値観など，その人固有の特性（素質）が関係するとことを否定できません。また年齢と共に，人は柔軟性や体力が低下してきます。これも無視することができない現実です。

子どもの心が強すぎる人や不安が強い人は，クライシスカウンセリングには向かない部分があります。また，うつや惨事の経験がある人は，その体験を十分に自分の中で消化できているかを問うてみてください。さらにこの分野のカウンセリングには，かなりの体力も必要です。

これらに自信のない方は，他のジャンルのカウンセリングで実力を発揮することを考えてみるのも，必要なのかもしれません。

適切な心理的距離の取り方

価値観と同じような素質的テーマとして，「感受性」の問題があります。

感受性が強いと，クライアントのつらい話を聞くと自分もつらくなるので，つい話題を避けるという無意識目標になりがちです。また，クライアントが話さないうちに，自分の感性で感情を先読みしすぎて，クライアントとの距離が離れてしまうこともあります。

逆に，感受性が弱いカウンセラーは，共感がしにくいため，クライアントの苦境を理解できず，解決策を押しつけ，クライアントに負担を与えてしまいがちです。

ここでも，あまりにも感受性が高い，もしくは低い方は，カウンセラーに向きません。とはいえ，どのカウンセラーでも，どちらかに少し偏っている部分があります。

そこで，中級カウンセラーのために，感受性への対応の仕方をお伝えします。

感受性が高すぎるカウンセラー

共感できるのは，とても大きな武器です。

自分の心を使うと，少なくとも「大ごと」であること「カウンセラーが同じレベルで苦しんでくれていること（わかろうとしてくれている）」という強いメッセージが伝わります。

一方で，カウンセラーも感情を使うため，かなり疲れるというデメリットがあります。

また，自分の心を使うと，必ずしも相手の痛みと同じ方向に進まないことがあるため，独りよがりの共感に陥り，逆にクライアント理解を妨げることもあるのです。

このタイプは，まず，自身の疲労をきちんと自己管理しなければなりません。疲労している時はうまく聞けなくなりますし，聞きすぎると疲労してしまうからです。

また，共感で感じた自分の感覚は，あくまでも自分の物であり，それを相手に押しつけないという冷静さも鍛えておかなければなりません。まずは，常に「自分と相手は違う」ということを意識するといいでしょう。

カウンセリングをしている時には，共感が強くなると，物語のイメージの中に入り込みすぎるので，意識的にそのイメージから少し離れるようにします。

一度視点を今に戻し，クライアントの表情をしっかり観察したり，クライアントの言葉をきちんと要約することで，ある程度の距離はとれます。また，『クライシス・カウンセリング』で紹介した，構造化※，9ステップ※，悩みの仕組み※などを意識すると，物語イメージに埋没しにくくなります。

もし，あまりにもつらい場合は，それを告げて，少し距離と時間を空けるといいでしょう。お茶を入れる，窓を開ける，トイレに行くなどのブレイクを取ります。

感受性が低すぎるカウンセラー

俯瞰しながら，冷静にクライアントの感情の問題を考察できますし，戦略的な支援も得意です。しかし，なかなかクライアントの苦しみの種類，強さ，深さを理解することができません。また，メッセージとして「冷たい」「分析された」というマイナスの印象を与えがちです。

まずは，いろんなケースを経験し，苦しみのパターンを知ることです。映画や小説などが役に立ちます。

次は，話を聞きながら，クライアントの状況を必死で想像していきます。物語として感情の空欄を埋める感じです。たとえば，「彼はその場からいなくなりました」というクライアントの発言を受け，「自分だったら，どんな思いだろう，どう感じたろう，何を考えただろう」と必死で自問自答するのです。

とにかく，必死でやることが重要です。適当にやっては，思考が巡りません。そして，それをクライアントに聞いてみてください。最初は，当たらないのですが，問題ありません。クライアントは，カウンセラーがきちんと関心を持って話を聞いてくれていれば，少しぐらいの勘違いは，気にしないものです。

このタイプの方は，初めのうちは，なかなかクライアントからよい反応を得られにくいものです。一生勉強のつもりで，カウンセリングが終わった後の振り返りを続けてください。振り返りは，失敗した時だけでなく，成功した時に，特に詳しく振り返ってみるといいでしょう。成長のヒントが隠れています。この時よいスーパーバイザーに巡り合えるかは，このタイプの成長に大きく関係してきます。理論派であるほど，SV の影響を受けやすいからです。

ある程度経験を積むと大きな方向性は予測できるようになってきます。しかしさらに細部の痛みの想像ができるようになるには，一層のデータが必要ですし，実際のカウンセリングはまさにケースバイケースなので，自分の累計を過信せず，柔軟に変更できる力も必要です。

また，感受性が低すぎる方の中には，そのテーマについて，「わかりたくない」「聞きたくない」という無意識目標が隠れていることもあるので，自分の問題を整理するためにも，SV を受けることが有効な場合もあります。

感受性が低すぎるカウンセラーのもう一つの特徴は，どうしても問題解決目線で見てしまうという傾向があるということです。価値観の問題です。社会で有能だった方が，ある程度の年齢になってからカウンセリング始めると，この傾向が強く見られます。問題解決視点で見る時，どうしても感情は重要事項でなくなるため，感受性が低くなってしまうのです。

問題解決目線が強いと，考え方を変える視点のヒントを与えたい，問題点を気付かせたい，原因を追究したい，ある方向に進ませたい，思い込みを修正してあげたい，逃げずにしっかり問題に向き合ってほしい，診断したい，対処法を教育したい，悩まないで明るく生きてほしい，などの，欲求が刺激されます。

これらは，9メッセージの「変われメッセージ」※になってしまうので，クライアントは拒否することが多くなるのです。

問題解決目線は，社会人として長く訓練して身につけているものです。これが強くどうしても緩められない人は，やはりカウンセラーには，向かない部分があります。しかし，トレーニングを繰り返せば，偏りを克服できる方もたくさんいらっしゃいます。

詳しく聞くことで共感のレベルを合わせる

どちらの場合にも有効なのが,「事柄を詳しく聞く」という方法です。私たちは,クライアントの話を聞いて,その感情(感情の質と強さ)を想像します。この想像がクライアントの体験しているものと近い場合は,よく共感している状態であり,味方感も大きくなります。

ところが,カウンセラーの想像がクライアントの実態の上過ぎたり,下過ぎたりすると,「わかってもらえていない,少し違う」という感じになります。

たとえば,「嫌な上司にいじめられている」と聞いて,感受性が高い人や,自分も同じ体験をしている人がいたら,クライアントの今の思いより,過剰な苦しみを想像しがちです。一方で,感受性の低い人は,たいしたことはないと感じがちです。

どちらの場合も,その状況を詳しく聞いていくと,感情内容・レベルのピントがあってきます。

過剰に感じやすい人も,たとえば,その上司の性別,年齢,職場の人数,仕事内容,具体的にいじめと感じる行為,その時の会話(具体的単語),周囲の反応,以前の同じような体験……などを詳しく聞くと,想像で埋めていた空白部分が埋まり,クライアントが実際に苦しんでいる中身が具体的に理解できるようになります。たとえば,カウンセラーは,「いじめられてとてもつらいはず,死にたくなるほどだよね」と感じていても,本当は,自分の仕事が会社に認められて抜擢されそうなことに対し,上司が少しひがんでいる,その上司に角が立たないように,皮肉を言いたいというレベルの苦しみかもしれないのです。

また,感受性が低い人も,詳しく聞いていくと,物語が紡げるようになります。上司にいじめられてつらい,という言葉だけより,テレビドラマで具体的に描写されたいじめのシーンを見るほうが,圧倒的に心を動かされます。それと同じ効果が表れてくるのです。

カウンセリングの初級レベルでは,感情に焦点を当てろと教えられますが,中級以上になると,事柄を詳しく聞いたうえで,感情に触れていくという作業をしていきます。

こだわり(カウンセリングにおける障害になるこだわり)の見つけ方

カウンセリングが停滞した時,クライアント側の問題を考察するだけでなく,カウンセラー自身の問題,特に価値観を洗い直してみるといいでしょう。自分だけでは見つけにくいので，ぜひ，SV を受けるとよいのです。

その際，先にも紹介しましたが，ある特定分野の専門家の SV を受けても，大きな視野や価値観の偏りを見つけることは難しいので，ぜひ，戦略的視点を持つカウンセラーの門を叩くとよいと思います。

陪席したスーパーバイザーによる価値観についてのアドバイスの一例

クライアントは，1週間前に電車の中での急病人を見て電車に乗れなくなり，仕事に行けなくなったという主訴を持っていました。それ以前の生活を確認すると，かなりライフイベント※が混んでいて，疲労の2段階から3段階の状態※での事故との遭遇だったことがわかります。

今回のケースであなた（カウンセラー）は，クライアント目標を提示する際，「このクライアントは仕事を休めない」と決めつけて，「家事を少なくする方法」「いまの休日をよりしっかり休む方法」「仕事場の近くに生活する方法」などを提案しました。

クライアントはアルバイトで，上司も理解があり，以前にも2週間ほど休んでいます。ですから，休めないわけではないのです。そこを忘れて，自分の思い込みで限定されたクライアント目標しか提示できなかったのは，「仕事は休めない」「仕事を休むと職場に迷惑がかかる（それが一番苦しい）」というあなた自身の価値観があるからではないでしょうか。

「休めない」は，あなた自身が，最近仕事で無意識のうちに感じていることではないですか？　これは「無意識目標に引っ張られる」という現象です。

価値観の偏りは，クライアント目標だけでなく，カウンセリング全般に影響してきます。あるテーマをスルーしてしまう，ある問題に関してだけ積極的に説明してしまう，ある相手の場合だけ自分の口調が変わってしまう……。今回，自分でなんとなくうまくいかなかったと思っているところには，スキルの問題だけでなく，価値観の偏りが関係しているように感じました。自分がどのような価値観を持っているかは，なかなか一人では気付きにくいものです。今回は，自分の価値観に気付くとても貴重な機会と，とらえていただきたいと思います。

第５章

人の心の特性について理解・納得しておく

山岳ガイドが，その地方の山についてよく知っているように，カウンセラーも人の心の特性をよく知らなければなりません。ただ，何について詳しいかのピントがずれていてはいけません。

一般的な心理学・精神医学の知識は，教養や研究のためには有意義でも，現実のカウンセリングにそのまま活用できるものはそれほど多くありません。学術的知識を効果的に生かすには，本書で紹介している戦略的視点が必要です。それなしに，単なるカウンセラー自身の不安解消のために，やみくもに知識過多になってしまうと，逆に，実務において大きな視点で見ることができなくなります。

実は，戦略的カウンセリングを進める際に知っておくべき心の特性は，それほど複雑ではありませんし，多くもありません。ここでは，実務に役立つ「心に関する特性」のいくつかを心理の発達論的特性と，現代人の悩みについての特性に分けて紹介します。もちろんここで紹介するのも一つの見解にすぎませんが，実際のクライアントを理解するうえで，かなり役立つ見解です。

実務に影響するので，単なる「覚えた・わかった」というレベルの理解ではなく，本当にそう思う・それに従って無意識に行動しているという「納得」のレベルまで理解を深めておく必要があります。

たとえば，クライアントの発言を，カウンセラーがどのように受け取るかは，とても重要な問題です。

クライアントの「私は，こうしたいのです」という発言を，カウンセラーがどれぐらい固定性・継続性があるものと理解しているかどうかで，カウンセリング目標も，クライアント目標も変わります。ひいては，カウンセラーとクライアントの信頼関係にも関係してきます。

ですから，これから紹介する特性は，一度読んで終わりにするのではなく，実務や議論を通じて，納得レベルまで深めてほしいのです。

人の心の仕組みについての理解

まず，人の言動や心の動きを理解するために，心の基本的な仕組みを理解しておきましょう。心理学の基礎で学んでいる人も多いのですが，単なる表面的な知識としてではなく，カウンセリングという場面で，自分自身が，クライアント理解に活用し，クライアントに説明できるように，きちんと理解・納得・整理しておきましょう。

快・不快

人の行動をよく観察していると，人は苦痛と快楽によって動かされていることがわかります。これはかなり下等な動物にも備わっている機能なので，人の活動の根本に影響しています。

快は，基本的に接近やその活動の再開・継続のためにもたらされ，苦は，その環境から逃れる，その活動を行わないための信号です。

特に，原始人の時代に特に重要であった「性と安全と生存」に関することへは，強く快・苦の信号が働きます。

快と苦の動きが強い場合，人の行動は理性ではコントロールできないものなのです。

また，カウンセリングでは，苦しさがテーマになりますが，不快感は人がよりよい生活を送るためには必要なものなので，苦しみを完全になくすというカウンセリング目標は現実的ではありません。

種の保存の欲求，個の保存の欲求

この快・苦の一番原始的なシステムの中で，すでに人は葛藤する運命にあります。種の保存の欲求と，個の保存の欲求が対立するからです。

この意味からも，クライアントの発言は，固定的ではないし，人は苦しみから完全に開放されることはないのです。

もし，カウンセラーやクライアントが，苦しみや葛藤がないのがゴール，苦しみや葛藤を持っているのはダメだという価値観を持っていると，カウンセリングをしても，いつも不全感をぬぐい切れない感じがしてしまいます。

感情

快と苦だけでも，短期的，単純な行動の選択はできます。しかし人類が進化する過程で，中期的な行動を統一感のあるものにし，もう少し複雑な状況にも適応するため，感情が生まれました。恋愛，恐怖，怒り，不安など，それぞれの想定する環境に適応するため，体と心の状態が変化します。

感情も，原始人基準で発動し，記憶を亢進させます。

感情は私たちを動機づける手段として，体感の苦しさだけでなく，イメージを使います。感情は早めの行動をとらせるために，指向性の強い情報収集をするようにバイアスをかけて，現実よりかなり偏ったイメージを作ります。

将来を予測するためには現在のデータだけでなく，過去データも活用するため，記憶の影響を強く受けます。逆に，強い感情を感じた時は記憶に残りやすくなります。トラウマ化しやすいのです。

クライアントが感情に翻弄されている時，私たちはどうしてもその原因事象に目を向けてしまいます。ただ，感情は，現実問題と連動せず，自分の心の中でのイメージと体感により苦しみ，記憶によってそれが長引いていることが多いのです。

このような感情の特性をきちんと理解しておかないと，現実には小さい危険におびえるクライアントを理解できません。また，単純な理屈による問題解決思考で，クライアントを支援してしまいます。すると，クライアントに「そのように理解，行動できない自分はダメ（自責，無力感）」と感じさせることになってしまいます。

自己イメージと「期待と比較」

感情，たとえば恐怖は，その発達過程で，どんな相手に対しても最大限に発動するのではなく，次第に，自分の実力（のイメージ）より敵（のイメージ）が強力な時だけ発動するようになりました。そのほうが圧倒的に費用対効果が高く省エネだからです。

冬の寒さに対して感情が強力には発動することはありませんが，力が及ぶと感じる対人関係には，強く発動するのは，このような比較のメカニズムが働くためです。

比較をするための対象，つまり「自分」に関する認識も感情と共に発達してきました。

さらに，集団生活を送る中で，自分の取り分を予測（期待）したり，他者の取り分と比較したりする能力も発達させてきました。

自分のパフォーマンスも予測（期待）でき，その予測を下回るパフォーマンスしか上げられなかった時，自信低下や自責の念が沸くようになりました。

また，他者に対しても，その心を想像するために，自分の心と比較します。

自分が苦しくないことは，相手も苦しくないだろうとイメージしますし，能力についても，自分がする配慮は，相手もできると期待します。つまり，かなり気をつけないと，純粋に相手のことを客観的に想像するのが難しいのです。

さらに社会が発展すると，「その中での自分」という認識が生まれてきます。さまざまなことを自分を含む物語として理解するようになりました。ナラティブによる理解です。

カウンセリングでは，ある問題のイメージを改善するより，自己イメージを改善したほうが，他の問題への波及効果が大きいため有効です。ロジャースが，一致の中でも自己一致を重視したのはこのためです。

また，現実そのものでなく，ナラティブを改善するだけでも，楽になれるものです。

苦しみと比較

ある刺激で苦しみが生じますが，それは外的刺激そのものではなく，イメージによって発生します。そしてそのイメージも，比較の影響を受けます。

たとえば一度つらい体験をすると，次からはそれが比較の対象となり，「あのことと比べたらなんてことはない」と，苦しみが小さくなります。

また，自分なら何ともない刺激で，つらいと感じている他者を見ると，「弱いやつ」と判断してしまいますが，そもそも苦しみは，その人の経験値のなかで中ぐらいの危険レベルで発動するようになっています。しかし一旦発動すると，原始人的基準で体と心を乗っ取るので，命がけの反応となってしまいます。

たとえば，学校が荒れていた時代の暴力を乗り越えてきた大人は，子どもがメールの一文で不登校になることを理解できません。しかし，どちらも「死にたくなるほどの恐怖」を感じています。また，原始人時代からすれば，どちらも行き過ぎの反応だという意味では同じなのです。

記憶

記憶は，現実そのものではなく，脳内のイメージが保存されたものです。イメージは，感情や欲求でかなり加工されていることがあります。また，後で思い出す時にも修正されることが知られています。しかも，本人はその時修正された記憶を，以前から持っていたと勘違いします。

また記憶は，時間と共に徐々に減少，変容していきます。

一方で，感情と結びついた記憶は長く残ります。この場合も，思い返しなどのタイミングで変容します。

つらい記憶をなくしたいというクライアントがいますが，記憶をすぐ消すことはできません。しかし，感情との結びつきを緩めることはできます。それによって，徐々に穏やかな記憶に変え，クライアントの苦しみを低下させることは可能です。

その場合でも，単なるイメージ操作より，現実に行動し，新しい記憶を昔のつらい記憶にかぶせていく方法が効果的です。

理性

さらに人が進化すると，集団が大きくなるにつれ，理性が発達してきました。記憶と予測能力が格段に進化し，さまざまな概念を扱えるようになりました。善悪，社会などの概念です。理性により，感情よりさらに長期の行動をコントロールできるようになりました。

意識・無意識

私たちには，「これが自分」「これが世界」だと意識できている部分と，そうでない部分があります。そうでない部分は無意識と呼ばれます。

大まかにいえば，理性の下に感情，その下には快不快の欲求が存在し，下の構造になるほど無意識に覆われている部分が多くなります。

一般的に，クライアントの発言は，意識レベルの応答です。言葉はどうしても端的に表現されます。そして私たちは，その言葉を使ってカウンセリングをしているのです。カウンセラーがクライアントの心を考察する時，言語化された内容以外の感情や欲求がありうるということを，常に理解しておかなければなりません。

またクライアントとのコミュニケーションでもメラビアンの法則などでも指摘されるように，むしろ表面的な言葉以外の，声の調子，表情，タイミング，しぐさ，姿勢，服装などからの情報を大切にした交流をするべきなのです。メンタルレスキュー協会では，カウンセラーのトレーニングをする時，自分のカウンセリングを動画で撮影することを推奨しています。

性格・教育・学習，病気

子どもは，大人になる段階でさまざまなことを学んでいきます。DNA レベルに刻まれており，学ばなくても成長に伴って自然にできるようになることや，親や周囲の人の模倣で覚えるものや，体験により学習するもの，しつけや学校教育の様に社会の中で意図的に教育されるものがあります。

それぞれの学習内容が，どのレベルでの学習なのか，意識・無意識のどこにあるのかなどで，ある刺激に対するその人固有の反応が生まれます。それらを性格と呼ぶことがあります。

一般的に，DNA レベルと後天的学習では，成人の行動に及ぼす影響は，50%：50%だと言われています。

一般的指導やセラピーでは，ついクライアントの考え方や感じ方，つまり性格を変えようとしがちです。確かに，偏った考え方のために，社会生活で苦しみを深くしている人は少なくありません。

カウンセリングで性格や学習を扱おうとする時，カウンセラーは，それが変えられるものなのか，そうでないのか，その可能性をある程度イメージしておかなければなりません。そうでないと，クライアントに，達成不可能な課題を付与してしまい，必要以上の負担を与え，結局，自信を失わせることになります。

また，通常のアドバイスやある程度の経験で，その偏りを修正できない時，私たちは病気というジャンルで理解しようとします。精神医学の発達により，さまざまな療法や薬が，患者の苦しみを低下させてくれるようになりました。

ただ，気をつけなければならないのは，実際のクライアントの言動の偏りに影響が大きいのは，性格や病気ではなく，疲労，あるいは一時的な強い感情の発動であることが多いということです。

極論を言うと，性格のトラブルがある時は，学習・訓練や治療より，まず，きちんとした休息期間をとってもらうことが，有効なことが多いのです。

人の言動の本質

これまで紹介した構造があるため，人は本質的に下のような特質を持ちます。ただ，このような本質は，集団生活が発展し「社会」を営む上で都合が悪いことが多くなり，これらの本質をできるだけ出さないような教育がされるようになりました。教育やしつけだけでなく，文化や宗教などでも強調されるので，多くの人は，下の要素を持っているのは，ダメな人間だと思っている方が多いのです。ところが，本質なので，消すことはできません。すると，クライアントの心の中には，「こうあるべきなのに，そうならない自分がいる」という状態になり，自己嫌悪の種となってしまいます。

それを避けるには，まずは等身大の自分（本質）を認めることが必要なのです。

人は一貫しない

まずは，人の心にはいくつもの心が同居し，移ろいやすく，本人の意のままにもなりにくいものだということを理解しておきましょう。

その結果，人は，言行不一致，感情に左右され，論理的でない行動をとることもあるのです。自分のこともよくわからないし，記憶も混乱する，嘘もつく，裏切る。

そういう理解で人を見ながら，カウンセリングを進めていくとよいでしょう。

人は基本的に怠惰

人は動物で，食糧難の時代を生きてきました。エネルギーは大変貴重です。どんなことでも，無駄には使いたくない。

無駄なエネルギーを使いたくないという特性は，人がものを開発したり，工夫したりする原動力にもなりました。

一方で，集団が生まれると，自分だけはエネルギーを出さなくてもいいという，いわゆる手抜きが生じます。そういう態度は，怠けや怠惰として，嫌われました。

また，社会では，他者と比べてきちんと仕事をする人が尊敬される一方，まじめにやらない人は，怠惰とされます。ですから，集団で生き残るためには，怠惰でないことは有効なので，それが「教え」となりました。

ただし，本質は，人はエネルギーをとても節約したがる動物なのです。何かの行動をする時も，相応の見返りを感じなければ，意欲が低下します。続かない，飽きやすい，と悪い印象があるかもしれませんが，この機能がないと，効率の悪い仕事に貴重なエネルギーを無駄遣いしてしまいます。

私たちは何かをする時，それなりの意義が欲しいものですが，意義がない，意味がない仕事は，エネルギーの無駄遣いになるからです。

クライアントが，うつ状態にある時は，エネルギーが底を尽きかけているときです。本人にやりたいという希望があっても行動の意欲は低下し，ねばりも出ません。その時に社会通念から「もっと頑張らないと，認められないよ」と説得するのは，本質を理解していない行為で，結局クライアントを苦しめます。

また，このエネルギーを無駄遣いしたくないという感覚は，時間を無駄遣いしたくないという感覚につながります。

ですから，多くのクライアントは，焦りますし，はやく先を知りたいのです。

変わりたくない

人には，成長したいという思いもありますが，変わりたくないという心の動きもあります。

カウンセリングでは，クライアントが悩まないように成長を促す側面があります。クライアントから，不安で死にたいなどと言われると，「そういう考え方をしているから，死にたくなるのだ」と，クライアントの考え方を変えたくなります。

ところが，なかなか変わらない。

これも，原始人的反応です。原始人にとっては，「今生きていられる」ということは，とても重要で，よい条件なのです。

あまり信頼できない情報に乗って，現状を変えるのは，リスクがあります。

そんな原始人が，変わるためには，かなり何度もそのことをやってみて，慣れが生じ，安全という感覚が生まれた時です。うつからの職場復帰などで，思考や行動を変えるために認知行動療法をすることがありますが，新しい考え方・視点を知った，その時から変われるのではなく，何度も現実の中で，その思考を繰り返し修正することで，ようやく，しかも次第に変化していけるのです。

この「変わりたくない」という心の動きは，エネルギーが低下している時とか，緊張しているが，状況がまだよく理解できない時など，顕著になります。つまりクライシス現場のクライアントとカウンセラーは，どちらもこの傾向に陥りやすくなります。クライアントは仕方ないとしても，カウンセラーはそのことをよく知らないと，状況に応じた柔軟な支援ができなくなってしまいます。

人間関係トラブルは当たりまえ

人は，誰でも，みんなと仲良くしたいし，対人トラブルは避けたいものです。ところがそうはいきません。

というのも，誰もが他人を恐れているからです。原始人のレベルでは，人を一番殺していたのは人です。私たちは心の奥底で，いつも他者にかなり強い警戒心を持っているのです。だから，強く他者の目を気にするのです。

また，個人ごとに価値観（正義，常識）が違います。ぶつかることが多いのです。

一方で，人は一人では生きていけない。集団を作る動物です。どうしても，人間関係トラブルは生じます。

また，先にも紹介した通り，感情は人間関係に対して強く発動するので，人間関係トラブルの苦しみは大きいのです。

自立した強い大人にならなければならない，誰とでも仲良くしなければならないと強く思い過ぎる人は，自分に過大な要求をしているので，疲れるし，最終的にそうできない自分を責めてしまい，自信を失いがちです。

カウンセラーは，自分が人に対しあまり緊張しないからといって，クライアントの人に対する対応を無意識のうちに非難してはいけません。人は，誰でも調子が悪い時は，人嫌いになり，嫌な人になると，考えておくとよいでしょう。

また「誰とでも仲良くなれるような人になる」という無意識目標は，クライアントが持っていても，カウンセラーが持っていても，どちらも達成できない，不全感の残る目標になってしまいます。

人は比較し期待する

人間関係のトラブルの多くは，比較と期待から生じます。

人のパフォーマンスは，元気な時なら高くても，感情に飲み込まれている時，体調が悪い時などは，低くなるのです。かなり差があるのが普通なのですが，環境が整備され，社会的な約束が強調される時，パフォーマンスをある程度一定に保つことが求められています。

元気な人が，「普通の人はこうするだろう，こう感じるだろう，できるだろう」と思うことを，たとえばエネルギーが低下している相手がしてくれないと，それを私たちは攻撃されたと受け取りがちです。

カウンセラーの普通が，クライアントの普通であるとは限らない，ということは，常に認識しておかなければなりません。

他人をコントロールしたい

人間関係トラブルに対しても，私たちは原始人レベルでそれを予防しようとします。対人関係で少しでもエネルギーを節約し，安全を確保するため，私たちは，他者をコントロールしたくなります。他者が自由に活動すると，それに合わせるために，エネルギーを使いますし，自分が危険だと思う環境にも行かなければなりません。

ですから，他者を支配したい，上に立ちたいという欲求は大変基礎的な欲求の一つなのです。

自分はわがまま，自分の都合（欲求）だけを優先していると感じるかもしれませんが，実はそれは当たり前のことなのです。

人は，愛するべき存在

一方，人の本質はそんなに「悪」だけではありません。人は，努力し，成長し，きちんと反省をします。

ある人のある言動・反応は，それだけを聞くととても攻撃的であったり，独りよがりであったりします。感情的になっていると，記憶もゆがみ，出来事をとらえる文脈（物語）もうまく紡げていないことが多いのです。そういう場合，今後どう行動すればいいかの見通しも立たず無力感を感じるだけでなく，往々にして自己嫌悪に陥ります。自分を見失い，自分に失望する感覚です。

人は，イメージで考え，感情によりバイアスがかかり，自分なりの物語を作っているので，クライアント自身もかなり偏った説明（物語）をすることがありますが，ゆっくり紐解いていくと，そのようなクライアントでも，その時そう反応した，それなりの理由，それなりの経験を思い出すことが多いのです。多くの場合，愛や正義，友情や配慮などが背景にあるのです。人は愛するべき存在だと感じる瞬間です。

（特に日本人）は自分を責めやすい

人は反省する動物です。ただ，この機能も，原始人的に過剰発動します。会社に多少の損害を与えただけで，家族が自分のミスで亡くなった時と同じレベルの自責が発動してしまうのです。その感情が拡大してしまうと，自分などは社会のお荷物だと感じ，死にたい気持ちにつながることもあります。

特に日本人は，この自責の概念が強いようです。というのも，他者との関係を強く意識する民族だからです。

また他者や世間体に気を使い表面的に装うことが多い人ほど，表面に出さない，自分だけが知っている側面（悪と感じていますが，人の本質部分です）の存在を意識し，自分は嘘をついている，と自分を責める傾向があります。

隠している部分は，「本当は……」という文脈で語られることが多いので，それこそ自分の本体だと勘違いしてしまうことがあります。本体ではなく，単なる一部です。

自分を責める気持ちは，種の保存の欲求に端を発します。つまり，愛の変形なのです。

悩みについて

この分野は，一般的な心理学ではあまり語られませんが，人がどうして悩むかは，クライアント理解にも，カウンセリング目標を決める際にも，極めて重要な知識となります。

人は，たくさんの動機に対し体が一つなので悩む

人は，葛藤します。これが悩みとして訴えられることが多いのですが，この葛藤は，人という構造から来るどうしようもない宿命です。いろんな欲求，感情，理性の「やりたいこと」は同時多発ですが，体は一つ，取れる行動も一つです。さらに，人間社会では，一貫した人格が求められます。

かなえられなかった動機には，何らかの対処がされます。たとえば，単純に我慢する，忘れる，他のことで紛らわせるなどです。これらはその場を比較的穏やかにやり過ごせる対処ですが，がまんには多くのエネルギーを必要としますし，忘れていても「なんとなくの不安」は残っています。クライアントのエネルギーが低下してくると何らかの苦しみとして自覚されたり，自分の統一感のある行動が妨げられたりしてくるのです。

人は，イメージと物語で世界を理解している

人は客観的に事態を把握しているのではなく，その人なりの世界観（イメージ）で把握しています。

そのイメージは，過去の記憶や，その時の感情や欲求によってバイアスをかけて観察したものが，記憶として残っているものです。ですから，第３者から見たら，かなり偏った捉え方をしていることがありますが，本人にしてみれば，本当のことなのです。

「欲求は同時多発，体は一つ」の矛盾によって生じたいろんな欲求不満を受け入れる時，人はそれぞれ納得しやすい理屈を見つけて，落ち着こうとします。この場合も，自分の世界観イメージの中に，受け入れやすい物語を模索します。この物語も，必ずしも客観的な問題解決に関係しませんが，気持ちは少し落ちつくでしょう。

この，クライアントが受け入れて，落ち着ける物語を探すのが，カウンセリングの一つの役割でもあるのです。

例：「試験に落ちた」という客観的トラブルに対する物語例
→天狗になっていた自分を戒められた
→もう一度受験することで，もっと本当の実力を身につけられる
→自分の欠点や，心の弱さがよくわかった。次に生かせる
→それで彼女と知り合えた

自己イメージの重要性

人は，イメージの世界が脅かされる時に，悩みが生じ，感情などが沸き立ちますが，悩みに最も大きい影響を及ぼすのが，実は「自己イメージ」なのです。自己肯定感，自信，自己効力感などといろんな言葉がありますが，基本的には同じ趣旨なので，細部の区分にこだわることはありません。

『クライシス・カウンセリング』では，無力感※として説明していますが，とにかく，自分が持っている「自分イメージ」が，「予想される危険」に対処できないと感じた時に，私たちの体は緊急事態だと感じ，警戒レベルを上げ，感情を立ち上げ，危険バイアスをかけた色眼鏡で，世の中を見るようになるのです。

自己イメージは，個人の能力に対するイメージだけではありません。個人の素質（健康度，若さ，美しさ，生き方のコツ）に対するイメージもとても重要です。また，他者との関係で感じる自分は愛されている・守られているというイメージは，クライアントの深い安心につながります。

※『クライシス・カウンセリング』118ページ「無力感（自信の低下）」参照

カウンセリングで意識すべきこと

さて，これらのことを踏まえて，いよいよカウンセリングで重要になる知識をまとめておきましょう。

現実問題への対処と気持ち（欲求・感情）への対処がある

一般的な相談受けでは，現実の問題にどう対処するかという方法論をテーマとすることが多いと思います。コンサルテーションやコーチングがこの分野を得意とします。

ただ，現実問題への対応だけではなく，気持ちの問題が整理できないというクライアントも多いのです。はたから見ると，その出来事に過剰に反応して苦

しんでいるし，行動も合理的でなくなっているのです。

気持ちの整理について，一般的な相談受けでは，カウンセラーに見える客観的なイメージと，クライアントの持つイメージの差を修正しようと，情報を提供したり，新しい考え方を提案したりします。いわゆる視点のヒントや，考え方のアドバイスです。

そのような支援でうまくいく場合もあるのですが，悩みが深くなると，違うアプローチが必要です。それらのアプローチに習熟しているのがカウンセラーです。

表面的な問題が解決しなくても，気持ちのトラブルが収まることも少なくありません。

※『クライシス・カウンセリング』12ページ「悩みを構成するの3つの層」参照

傾聴の意味

カウンセリングスキルとして，通常最初にこのスキルを学びます。というのも一番汎用性が高いスキルだからです。

上手に行うためにはいくつかのポイント（コツ）を押さえておくといいでしょう。

最初のポイントは，カウンセラーが話したいことを抑えること。

クライアントにたくさん話をしてもらうため，カウンセラーはできるだけ話さないでおくということが大切です。苦しみや感情は，救難信号。表現できると，収まる傾向にあります。これを表明欲求を満たすと言っています。

ただ，カウンセラーにも自分の価値観があるのでクライアントの考え・感じ方は誤っていると指摘したいし，早く援助したいのでつい，アドバイスしてしまいます。これらをできるだけ控えるというのが重要なコツなのですが，これをロジャースは「受容」と呼びました。

次のコツは，「共感」です。話はできた，つまり救難信号は出せたけれど，相手にそれが通じていなければ，救われる感じはしません。クライアントが，自分の苦しみをきちんと理解してくれたと感じられるように聞くのが「共感」的な態度での聞き方です。具体的には，『クライシス・カウンセリング』で紹介したMC（メッセージコントロール）※を使ってコミュニケーションしていきます。

この二つのポイントを押さえれば，現実の問題にかかわらず，クライアントの気持ちが整理されることが多いのです。

それは，救難信号が届いてクライアントが心理的「味方」を得るからです。

このアプローチは，現実問題の解決が難しいような，死別，事故，病気などの場合でも効果がありますし，クライシスカウンセリングの場面では，基本のスキルになります。

4つの痛いところ※を想像して共感する

味方になる場合には，クライアントの苦しさに共感することが重要ですが，経験の浅いカウンセラーは，何が苦しいのか，どこに共感すればいいのかピンとこないものです。

通常は，自分の心を使って想像するのですが，人の想像力には，限界があります。自分が体験しないと，その深刻度はなかなか理解できません。

「うつ病は死ぬほど苦しいものだ」という文章は理解できていても，だからこそ，命がけで今の状況を打開していけばいいのではないか……と，考えてしまいます。「何が，どう，どれほど」苦しいのかを十分に想像できていないのです。

私たちはすべての苦しさを体験しているわけではないので，単なる想像力では，クライアントの苦しさの本質や種類，程度を予想しにくいのです。

そこで，苦しみを具体的に聞きながら，理解を進め，味方になっていくのですが，「苦しさが大きくなりがちな要素」を理解しておくと，味方になる作業が速く進みます。

まず，『クライシス・カウンセリング』で4つの痛いところ※として紹介した，無力感，自責感，不安感，負担感を押さえておくといいでしょう。

人の苦しみは，結局4つの痛いところに集約されるといっても過言ではありません。共感するには，4つの痛いところが刺激されている可能性を想像して，事象の細部を聞いていきます。

感情について5つの要素で考察する

下園は，感情に大きな影響のある要素を五つに絞って紹介しています。

一つ目は感情の継続時間。刺激を受けると，しばらくの間は，次の刺激に過敏になります。逆に，感情は一旦高まっても，何もなければ，時間と共に治まってきます。

二つ目は，体調・疲労。体調が悪い時は，同じ刺激でも強い感情がわきます。『クライシス・カウンセリング』では，感情の継続時間を表の3段階※，体調・疲労を裏の3段階※として紹介しました。

三つ目は，個人の対処法。感情が大きい時は，人それぞれに対処します。その対処法には，メリットとデメリットがあり，通常よく使われる「忘れる・なかったことにする･言い聞かせる」という対処法は，嫌な感情が長引く一因になります。

四つ目は，記憶です。同じ刺激でも，同じ人，同じテーマで繰り返される場合，大きく反応します。私たちを悩ませる恨みは，記憶によって感情が刺激されているケースです。

五つ目は，自信です。つまり，「自分はダメ」という自虐的思考の強さ。自信がある時は，感情の発動が少なくて済みます。逆に自信を失っている時は，感情を発動して身を守らなければならないのですが，本人的には，原始人レベルで過剰発動する感情に翻弄されるような感覚で，余計に自信を失います。

クライアントは通常，表面的な苦しさを訴えますが，感情は多方面からアプローチできます。

５つの要素のうち，アプローチしやすいのが時間，エネルギー，自信（誰かがわかってくれるという第３の自信）※。アプローチしにくいのが記憶です。対処法は，疲労していなければ変えることができますが，疲労の２・３段階※の時は，変えることに強い抵抗が生じます。

たとえば，パワハラがきっかけで，２年間の引きこもりで悩む中年の場合，

- 最近の出来事でショックなことがあったか（表の３段階）
- ２年間の引きこもりで，エネルギーがどれぐらい回復しているか（裏の３段階）
- どのようなストレス対処法をしているか
- パワハラやこの引きこもりが記憶に及ぼす影響
- この２年で，どの自信（1 から 3）をどれぐらい失っているか，どれぐらい自分を責めているか

などを観察し，どこから支援していくかを考察します。

「自宅療養をしていたが，症状は一進一退。職場復帰後のために，資格試験の勉強を頑張った。先週，職場から電話が来て，急に職場復帰不安が強くなった」という状況だったとします。その不安そのものだけを内省的に取り扱ったり，職場復帰のための具体的な準備を進めたり，より柔軟な考え方ができる思考訓練をするなどの方法もあります。

しかし感情についての５つの要素で幅広く考察すると，

職場からの電話にショックを受けている→疲労か自信低下，記憶の問題で2段階にある（2倍のショックに感じた）

おそらく焦りで試験勉強をしてしまい，結局上手に休めていない可能性がある。まずは，職場復帰を延期し，時間を稼ぎ，その間しっかり休養し裏の2段階（疲労）を1段階にすることを進める，というアプローチが見えてきます。

9メッセージ※アプローチでプロセスを進める

カウンセリングを活用しようとするほどのクライアントは，通常かなり悩んで落ち込んでいます。通常，疲労の第2～3段階になっていることが多いのです。

そのようなクライアントは，カウンセラーが提案する変化に抵抗するものです。変化を強要されると，攻撃されたと感じ，傾聴で作った味方の関係が壊れて，カウンセリング全体が，マイナス（つらさを募らせる体験）になってしまいます。

『クライシス・カウンセリング』では，そのようなクライアントに対し，丁寧にメッセージを積み重ね，最終的にはアドバイスも受け取ってもらえるための手順，9メッセージアプローチをご紹介しました。

このプロセスを踏んでいくことが，クライアントのCSを上げるカウンセリングにつながります。

たとえば，先の引きこもり事例では，実は外見的には，2年間休んでいるように見えますが，本人の焦りが強く，無理に規則正しい生活をしたり，資格試験に臨んだりして，疲労がきちんと抜けていない状態でした。その時点で，あるセラピストに指導され認知行動療法を試みたのですが，「完璧にこだわらない」という課題を完璧にやろうとして，できない自分を感じる（自信の低下）という悪い循環に入っていました。

このケースでは，まずその苦しさを理解し味方になった後，現状を説明し，とにかくしっかり睡眠をとり，休養し直すことが重要ということを9ステップを踏んで，提案したのです。

すると，当初は一刻も早い復帰にこだわっていたクライアントが，取りあえず休職を続けて，3カ月後の復職を目指すことを受け入れてくれたのです。

心は変化していく，その時に応じた支援を

先の引きこもり事例は，その後カウンセラーに支えられて睡眠をとることを重視した生活を送るうち，次第にエネルギーが回復し，不安や自責の念も薄れてきました。運動などもするようになり，少し第2の自信も回復してきました。

すると，あれほどできないとこだわっていた「完璧にしない」が，自然にできるようになってきたのです。

しかし逆に，カウンセリングが予想通りには進まないことも多いのです。

というのも，クライアントがすべてを話しているわけではないし，クライアント自身も自分の心をわかっているわけではないのです。

また，カウンセリングは，意識で認識された内容で進められるのですが，ある提案を試みようとして，ある状態になって，初めてクライアントの心が動く，つまり，無意識の抵抗の強さに気がつくなどということも少なくないからです。

だから，カウンセリングでの約束には，あまりこだわってはいけません。

先の事例で，「今日は職場に連絡します」と約束したクライアントでしたが，いよいよ復職の調整をしようとする時，職場とパワハラ上司への恐怖が強くよみがえってきました。もう大丈夫だと思っていただけに，本人の自信は，大きく低下しました。

このケースでは，電話できなかったことを責めず，つらい体験の記憶はとても強烈であり，復職前の停滞は，よくあり得ることだと説明し，本人の自信を補強します。そして記憶は体験により，徐々に上書きされることを説明し，その後会社に行く行動を少しずつ伸ばしていきました。いわゆる認知行動療法的なアプローチです。

つまり，認知行動療法がダメなわけではなく，そのクライアントの今の状態に合うかどうかをカウンセラーが十分に考察しなければならないのです。

本人なりの苦しみの抱え方を探る

苦しみは，ゼロにはなりません。苦しみの抱え方は，その人次第です。

アルコールやギャンブルなど，一見それをやるから苦しさが募るのだと見えるストレス対処法に，クライアントが固執していることがあります。『クライシス・カウンセリング』で「しがみつき行為」※として紹介しましたが，エネルギーが低いときは，しがみつき行為も変えることはできません。

むしろ，本人なりの必死の戦い方として，カウンセラーは味方としてそれを尊重していく必要があります。もちろんデメリットも指摘し，エネルギーレベルが上がるに従って，代替の何かを提案していくといいでしょう。

カウンセリングが進んで，いよいよ具体的な問題にクライアントの意識が向くとき，カウンセラーは再びどうしても自分が考える解決策を押しつけたくなります。

カウンセラーが，少しでも苦しみを少なくしたいと思いすぎると，クライアントに「変われ」M※を出してしまいます。

何がどう苦しいかは，クライアントによって違うのです。

丁寧に，クライアントにとっての担ぎやすさを探っていかなければなりません。

先の事例では，いよいよ復職する時，カウンセラーはパワハラ上司のことを，職場に訴えて，その人を外してもらうか，クライアントが他部署に移動させてもらうことを提案しました。

ところが，クライアントはパワハラ上司の下での復職を選んだのです。クライアントの仕事は他の部署ではできないし，パワハラ上司はその仕事のエキスパートで，彼なしにはその部署は成り立たなかったからです。

大変難しい復職になることが予想されましたが，それがクライアントの生きる道なので，カウンセラーはそれを支援します。やってみなければ，わからない部分があるからです。

物語（ナラティブ）について

これまでは，感情面での整理を重視したアプローチを紹介してきましたが，現代人にとって理性は大変大きな部分を占めます。理性が落ち着くには物語が必要です。

クライアントが元気になるには，自信の回復が重要ですが，先の事例では，カウンセラーに支えられ第３の自信※が補強され，体力・感情のコントロールができるようになり第２の自信※が補強されました。ここまでは，意識というより，無意識の分野での補強が主体です。しかし，この後，いよいよ現実社会の中で，「こうすればうまくやっていける」という第１の自信※を補強しなければなりません。第１の自信は，主に意識で補強されます。

また何かをする時，何かをしない時，「こういう理由だから」というのが明確であれば，第１の自信は崩れません。理由がわかれば対処方法もイメージしやすいからです。

ですから，人は，自分の苦しみや行動を観察して「理由」をつけて納得したいのです。物語（イメージ）を作って，それで第１～３の自信を補強しようとします。ナラティブです。

カウンセリングでは，必須ではないですが，ナラティブ（言い訳，計画）があると理性が落ち着き，自己イメージもアップしやすいのです。カウンセリングとは，その時その時のクライアントが，現状を受け入れるための物語を紡ぐお手伝いという側面があるのです。

世の中にたくさんあるセラピーや心理理論は，この「物語」を作るのには，とても役に立ちます。

先の事例では,「自分は今回の出来事をトラウマにしたくない。乗り越えたい」という価値観（物語）を持っていましたが，カウンセラーは，子どもの心のこだわりが強すぎると考え，味方の関係を崩さないように配慮しながら，修正を試みました。そして,「自分の夢を追究してみる，ここでうまくいくか試してみる, もしだめなら, 次のステップ（転職）に進めばいい, それでもOKなんだ」という適応的な物語を作ることができました。

この物語のようなことを，クライアント目標（93ページ）と呼んでいます。

クライアント目標（物語）は重要ではありますが，カウンセリングという作業の絶対的な目標というわけではありません。クライアントの能力，要望，状態に合わせて支援すればいいものです。

学び方

心理学や心理療法を学んで，その分野の上級を名乗る人でも，ここで紹介したクライアントの心の動きに無頓着な人が多いように思います。

心理療法は，数学パズルではありません。心は生もの，変化します。大学で学んで論文が評価されることと，カウンセリングがうまくなることは別です。心の機微については，心理学者より，小説家や漫画家や歌手などの方が優れた感性を持っているように思います。

カウンセラーとして, クライアントを上手にサポートできるようになるには, もちろん現実のカウンセリング経験を積むのが一番ですが, そのほかにも映画, 小説，漫画などで，心の動きを勉強するとよいと思います。

たとえば，カウンセリングの基礎である共感ですが，先にも触れましたが，人は，経験しないことには，その感情の細部や程度をなかなか想像しにくいものです。水になったことのない氷は，傾けられたらすぐに流れてしまう自分を想像することはできません。

この分野の勉強は，専門書を読んで努力すればいいという単純なものではありません。ぜひ，先輩，同僚，多職種の人など人間的な交流を深めることで，現実的な人間理解力を上げていってほしいと思います。

AIカウンセラーは，素晴らしいカウンセリングをするかもしれませんが，AIには，人生がありません。私たちは,「誰に」わかってもらうか，が重要な面があるのです。深い人間理解ができる人物こそが，AI 時代でも生き残っていくカウンセラーになれるのです。

第6章

戦略的カウンセリングにおける目標

カウンセリング目標の立て方

カウンセリングをするとき，意識しようが無意識であろうが，カウンセラーもクライアントも，ある目標（到達地，進行方向）をイメージしています。それが一致していることが，クライアントの満足度につながります。

カウンセリングを進める時は，「カウンセリング目標」を意識するべきです。

目標が無意識だと，自分の言動にバイアスがかかっていることに気がつかないですし，自分のカウンセリングを正しく評価することもできません。

クライアントと治療契約を結ぶという概念でカウンセリングを始めるカウンセラーも多いと思います。クライアントの当初の訴え，主訴を軽くすることを共通の問題と認識し，それをどこまで達成するか，どのような支援をするかという契約を結ぶという概念です。これも当然カウンセリング目標になり得ますが，私たちは，主訴を重視して方向性を決めるこの手順に，あまりこだわる必要はないと考えています。

というのもクライアントは，何が自分の一番つらいところなのか，をきちんと意識していないし，どうすればその苦しさが低下するのかわからないため心のプロに頼っている部分があるからです。

また当初の主訴ばかりにこだわっていると，クライアントの心の変化に応じた柔軟な支援ができなくなってしまいます。

心のプロとしては，クライアントの緊張をほぐしつつ，クライアントのニーズやさまざまな状況を把握してから，どこまで行こうかという目標を決めていき，さらにその目標自体も，クライアントや状況の変化に応じて，修正していくという方法が，現実的で，親切なアプローチになるでしょう。

ただし，クライアントが最初に訴える「主訴」は，クライアントなりにかなり考えてきた問題，つまりクライアントの物語なので，カウンセリングを進めるうえで，とても丁寧に扱わなければならない情報であることには変わりありません。

人の悩みが解消しやすいケアの手順（プロセス）を理解する

さまざまなセラピーやストレス解消法をよく見てみると，心のいくつかの要素に働きかけていることがわかります（図 6-1）。

悩みの解消のためにアプローチするべき要素を大きく見ると，病気，エネルギー・抑圧・緊張，自己イメージ，課題イメージ，感情，行動の六つに分かれます。

たとえば，不安な時でも映画を見ている間はそのイメージに没頭して，課題イメージによる不安を一時的に忘れてしまうことができます。不安による思考の連鎖が停止することにより，エネルギーも改善します。ヨガは，ゆったりした呼吸で緊張を緩め，脱力により無駄なエネルギーを使わなくなります。また体が柔軟になることで，自信（第 2）も回復してきます。

認知行動療法は，思考や行動に刺激を与え，自分イメージや課題イメージを改善していくものです。催眠療法は，催眠により，体の緊張を解き，隠れていた感情を解放することで，エネルギー状態を改善すると共に，自己探求により，自分や課題のイメージを改善できます。

一般的に専門家は，その得意分野で支援しようとします。たとえば，医師は，自信をつけさせたり，感情をケアするより，病気を見つけて，それを薬で治そうとします。

私たちが目指すクライシスカウンセラーは，クライアントの状態に応じて，柔軟で適切な支援をします。

そのためにはクライアントが回復していく一般的な流れを理解しておくといいでしょう（図 6-2）。

まず，病気やエネルギー状態が悪化している場合は，そこから改善します（A）。その時点では，感情は受容に徹し，自己イメージは第 3 の自信の補強（味方に守られている感）に努めます。行動は代行してやります。自己イメージ（第 2・第 1）や課題イメージの修正は行いません。

セラピーが進み，少し病状が収まりエネルギーが回復してきたとき（B），感情には強く共感し，自分は悪くない，壊れていないという第 2 の自信を強化

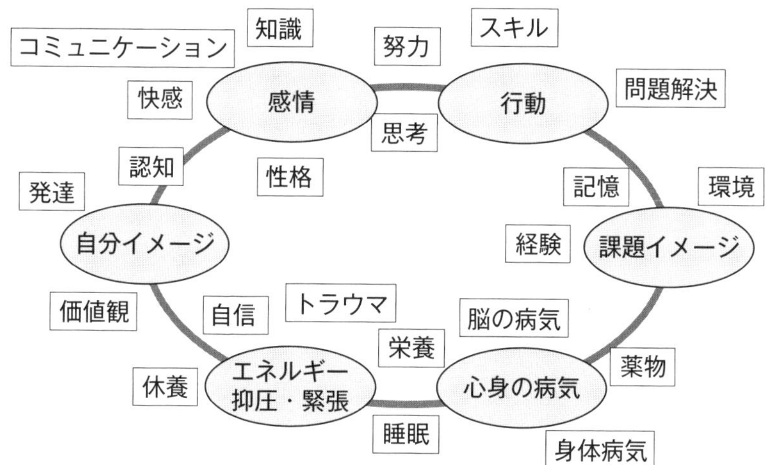

図 6-1　悩みと解消に関わる要素

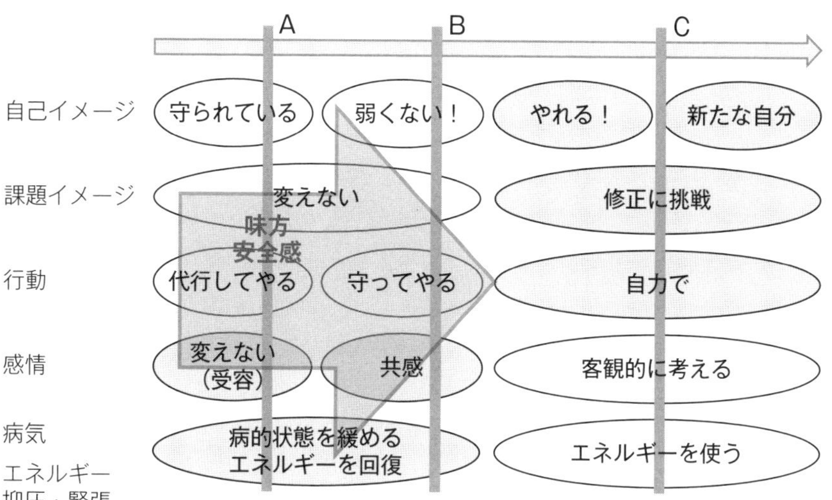

図 6-2　ケアの大まかな進み方（要素ごと）

していきます。この時点では，課題の手ごわさについてのイメージの修正はまだ行いません。行動は，やれる範囲は自分でやるというレベル，いつでもサポートするよという「見守っている」という支援をします。ここでもまだ自己イメージや課題イメージには手をつけません。

エネルギーが1段階の下まで回復してきたら，いよいよエネルギーを使ってもいい状態になります（C)。変化にも抵抗が少なくなっているので，感情を落ち着けるだけでなく，客観的に考察する支援も行います。少しずつ行動を増やしながら，自分にもできるという第1の自信が得られるように自己イメージを修正していきます。同時に，課題についても，「それほど手ごわくない，何とかなる」と感じられるような支援をします。また，最後の段階として，今回のトラブルを自分で整理し，新たな自分を発見できるように支援します。

これは，すでに9メッセージプロセスで紹介してきた流れと同じものを，悩みの6要素で分解しただけのことです。9メッセージプロセスを進める意識さえあれば，おおむねこのプロセスを進めることができます。

大きな白紙的目標とその達成パターンを
できるだけ心の中で準備しておく

カウンセラーは，クライアントの情報がわかるに従い，このクライアントの苦しみがある程度低下し，落ち着いて日常生活が送れるようになるための，いくつかのパターンを念頭にイメージします。

山岳ガイドが，見どころ（目標適地）をいくつか想定しておくのと同じことです。

白紙的な目標の例を事例で考察してみましょう。

Aさんの事例と，解説（『カウンセリング革命』（日本評論社（2008）下園壮太）から）

35歳のキャリアウーマンAさんの悩みです。

昨日，突然出向の調整を受けました。出向といっても以前は本社の一部分だったところが子会社化されたところです。英語の得意な彼女にとっては，実力を発揮できる仕事だし，一応管理職なので栄転とも言えるポストです。

ところが，彼女は悩んでいます。

彼女がそう思っているだけかもしれませんが，先月来，今の上司とうまくいっていないのです。プロジェクトの件で，彼女のアイディアがプロジェクトリーダーに認められたのです。反対していた上司の意見が退けられた形でした。それ以来，どうも上司の彼女に対する態度が冷たいようなのです。

今回の異動の話も，上司から「出された」のではないかと感じるのです。

上司は，かなり力のある人で，出世していくでしょう。そんな人に嫌われてしまったら，今後の彼女の会社でのキャリアが難しくなるのではないかと不安になっています。

また，たとえ子会社でも，一旦出されてしまったら，本社での出世争いにマイナスになると，聞いたこともあるのです。

自分と同じ道を進んでくれたと喜んでくれていた父の期待を裏切るのではという不安もあります。

その一方で，ちょうど自分の生き方に迷いが生じている時期でもありました。6年間付き合っている彼とは，何となく腐れ縁のようになってしまって，結婚にはなかなか踏み切れません。しかし，子どもがほしいという気はあり，それにはだんだん時間がなくなりつつあることも意識しています。

いま，地方の子会社に行くと彼とはおそらく終わりになるでしょう。

昨日の人事課長の口ぶりでは，異動は本決まりというわけではなさそうです。彼女は，どうしたらいいのか，悶々としています。

■ **演習**

このＡさんの悩みが解消するパターンを，思いつくだけ想像してみましょう。

解消パターンは，皆さんがどれだけのカウンセリング目標を想定できているかということです。映画のシナリオを考えるようなつもりで，考えてみてください。

解消パターン１

Ａさんは，散々悩みましたが，しばらくすると，「どうにかなるさ」と開き直れるようになりました。

これは，いわゆる時間が解決するというパターンですが，エネルギー問題の視点から，悩みが解消される典型例です。

消費エネルギーの大きい感情が走り続け，エネルギーが底をつく危険が大きくなると，それを警告し，それ以上のエネルギー消費を抑えるため，疲労のプログラムが立ち上がります。考え続けると，次第に疲労して，「もういいか」と思考するのをやめ，エネルギーの消耗を抑えるのです。この段階で，問題はなんら解決していないにもかかわらず，苦しさは低下するのです。

エネルギー系から問題が解決する（時間が解決する）もう一つのパターンは，慣れてしまうケースです。

ある出来事に対していろんな苦しさや感情などを立ち上げて警戒した。ところが何も起こらない。エネルギーを節約するために，自然にプログラムを落としていく。これが「慣れることによって，苦しみが減っていく」という仕組みです。

解消パターン２

A さんはこのことで悩んでしまって，夜も眠れず，仕事に気持ちが向きません。このままではいけないと思った A さんは，「よし，もう考えるのは止めよう。仕事に集中しよう」と決心しました。そして異動について不安なことが頭を駆けめぐり始めても，意識的にそれを中断し，ほかのことを考えたり，わざと仕事のスケジュールを忙しくして，夜は疲れ果ててすぐに寝てしまうような環境に自分を追い込んだのです。

結果として，異動の件はそのまま話が進み，A さんは子会社に出向することになりました。

彼とは，それ以来自然消滅の形なりましたが，今では海外とやりとりをするエキサイティングな毎日に，充実感さえ覚えています。

この場合，A さんは意志力と工夫で「不安による情報収集，シミュレーション，対策の考察，その結果のシミュレーション」と続く頭脳労働のサイクルで消耗するのを回避できたのです。感情とエネルギー面へ対処したことで，苦しみ（悩み）が減りました。

ここで重要なことは，A さんは結局異動に関する問題に，積極的にはかかわらずいわゆる周囲から見れば問題回避した（逃げた）ことになります。しかしそのことで，当時の苦しさ，つまり不安による過剰なエネルギー消費の危機を切り抜けたのでのです。

結果はどうでしょう。A さんは，新しい職場で生き生きと仕事することになりました。こういうことは私たちの人生に，とても多く見受けられます。

不安は，命がかかっていた原始人にとっては適切な感情でも，現代人にとっては，過剰な発動をしてしまいます。

だから，このように何かで気を紛らわせているうちに，事案が終わってしまう，案外「生むが易し」ということが多いのです。

解消パターン３

Ａさんは悩みに悩んだ末，ついに人事課長のところに相談に行きました。

すると意外なことがわかったのです。なんとその子会社には今の上司も近々，取締役として異動するらしいのです。Ａさんの異動調整は，Ａさんの実力を高く買っている今の上司が，直接人事の方に依頼したものでした。ただし上司の異動の話は，まだ会社内でも知る人が少ない情報であるため，くれぐれも口外しないようにと注意されました。課長のよそよそしさは，そのせいだったのかもしれません。

そのことを聞いたＡさんは，先ほどまでの悩みがどこかに吹っ飛んだようです。自分のデスクに戻った彼女は，仕事をしながらも，頭の中では次の会社でバリバリ仕事をしている自分のことを想像して，つい口もとがゆるんでしまうのです。

この場合は，異動の調整という「事実認識」に新たな情報が加わることによって，自分イメージ，課題イメージの修正が行われました。それによって，自分のキャリアへの不安や父親の期待を裏切ることなどの不安が終了し，この問題に関する消費エネルギーが大幅に削減されたのです。

もちろん彼との関係の不安は残っていますが，実は上司に認められていたのだという，うれしさ（快）のパワーによって，相殺されてしまったのです。

解消パターン４

かなり悩んでしまった彼女は，久々に会った彼に悩みを相談してみました。いつもは彼女の話をろくに聞いてくれない彼でしたが，今回は意外な反応が返ってきました。

「君の実力を認めてくれない会社なんて，辞めてしまえばいいよ」

「簡単に言わないでよ。会社を辞めてどうやって生活していくのよ」

「君一人ぐらい，僕が食べさせてやるよ……。一生」

「何よ……急に」

「そういうことだよ。結婚しよう。前々から思ってたんだ。言い出すチャンスがなくて」

思いもかけない言葉でした。「食べさせてやる」なんて，女性をばかにしたような発言はいつもだったら許せないのですが，雰囲気というかタイミングというか，Ａさんはポロポロと涙を流しながら，しおらしく「はい。ありがとう」と答えたのでした。

その後のことはいうまでもありません。Ａさんはすっぱりと会社を辞めて，彼と結婚しました。その後も別の会社で仕事を続けながら，1年後には，念願の子どもを授かることができたのです。

この場合は，思いもかけない彼の言葉のうれしさのパワーが，現在の不安を感じさせなくし，さらに彼との将来を思い描くことで，未来に対する予防プログラムである不安を終了させることができたのです。それによってエネルギー消費の苦しさも解消されました。

さらに，これまで「一人で生きていかなければ」と気負っていたAさんでしたが，それ以来人に頼ることの心地よさを感じることもできるようになりました。人に守ってもらう。これこそ究極のエネルギー保存になります。自分イメージの修正ですし，行動にも変化が及びます。

解消パターン5

Aさんは悩んで眠れなくなりました。不眠はさらに不安を呼びます。Aさんはお酒を飲むようになってしまいました。お酒を飲みさえすれば，いい気持ちになって，嫌なことを考えなくてもすみます。そしてしばらくすれば，眠くなって寝てしまえるのです。

結局異動が決まり，Aさんは，新しい会社で働くことになりました。するともともとポジティブに考えるクセのあるAさんは，これも一つのチャンスと考え始めるようになってきたのです。日々の仕事に取り組むうちに，元の会社での嫌なことはすっかり忘れてしまいました。

この場合は，お酒を利用して今の苦しみから逃れています。

お酒という薬物によって脳の状態をマヒさせ，不安をストップさせているのです。またアルコールの「抑制効果」によって眠くなることで，不眠の苦しさから逃れられます（→エネルギー消費の中断)。さらにお酒に酔う快感が，苦しみを感じないようにしています。

だから昔から，お酒は重宝がられてきたのです。

このようにしてアルコールの力を借りて今の苦しさを紛らわせているうちに，事態が進み，「不安に思っていた出来事の結果が判明する」「その状態に慣れてしまう」などのように「時が解決する」ことが多いのです。

どうやらAさんもこのパターンで，結果的にはお酒を賢く利用した形になります。

行動により，悩みを解消したケースです。

ところが，お酒は薬物です。いいことばかりではありません。短期間ならいいのですが，長期にわたる苦しみにお酒を利用し続けていると，必ずといっていいほど問題が悪化していきます。

解消パターン６

Ａさんは悩んでいます。気分を変えようとして，本棚にあった高校時代に愛読していたマンガをパラパラとめくってみました。すると，いつものようにどんどん読み進んでしまいます。３冊目を読んでいるうちに，主人公がピンチに陥った時，「ピンチは，ちゃ～んす」と言ってウィンクする１コマがありました。Ａさんは思わずそのページで止まってしまいました。

「ピンチは，ちゃ～んす」か……。そうだよね，とつぶやきます。

その時からＡさんは，今回の出来事を少し違う見方で考えられるようになりました。

今の会社は，本業で伸びていません。経営陣の責任を追及する声も上がり始めています。それに比べて異動する会社は，業績がどんどん伸びている会社です。多様な働き方を認めてくれる会社で，女性も働きやすいらしく，No.2も女性です。Ａさんのような立場でも，プロジェクトを任されたりするかもしれません。今の会社よりむしろやりがいがあるのではないか，自分の力を生かせるのではないか，と考え始めたのです。

この場合は，マンガの一つのセリフが，Ａさんの事実認識や不安の前提に違う視点を与えてくれたのです。その結果，「異動」という事実にぶら下がっているさまざまな感情（不安，怒り，悔しさ，自己嫌悪……）の消費エネルギーが急激にダウンサイジングされました。

これは，典型的な課題イメージの修正，新たな物語の発見です。クライアントにエネルギーがあるときは，このアプローチは，ドラマティックに悩みを解消します。

そのほかの解消パターン

このほかにも，もしＡさんが不眠で通院し，医師の処方による睡眠薬で，ぐっすり眠れたら，頭が働くようになって，前向きの対処ができるようになるという場合は，病気へのアプローチをしたことになります。

これらとは若干異質ですが，宗教体験，臨死体験などですべての悩みが解消するパターンもあります。これらは人生で培ってきた（育ててきた）適応するための感情や価値観のうち，重いもの（エネルギー消費が大きいもの）がいっせいに消去されてしまうのだと思います。生か死，あるいはあまりにもこれまでと違う環境に直面し，とりあえず生き延びることに集中するために，不必要なプログラムを一度すべて落としてしまうのだと思います。大きな物語の修正です。

たとえば，他人に対し警戒心を強く持って生きてきた人にとって，その警戒心は，たとえ重いプログラムでも生活を維持するためには必要なものです。ところが，生か死の環境では，とりあえずいらない。だから生き返ってみると，そのような警戒心が消えて，別人のような感じになることもあるのでしょう。

また，このほかにも興味深いパターンとして，「もっと大変なことが生じる」という苦しみの終わり方もあるのです。たとえば，A さんがこの状態で悩んでいる時，大震災に襲われたとしましょう。多くの人が死に，毎日を生き延びることに一生懸命になってしまいます。そんな状況では，A さんの将来に対するキャリアの悩みなど，吹っ飛んでしまうでしょう。何も地震でなくても，交通事故，肉親の突然の死亡，やくざに絡まれるなどでも同じです。比較の効果です。とにかく，もっと悪いことが起こると，これまでの悩みなど小さなものに思えてしまうのです。

当面の方向性，当面の目標を決めていく

大きな白紙目標をいくつかイメージしつつ，まずはカウンセリングを進めるうえで，当面の目標，あるいはある方向性を意識します。

通常どのカウンセリングでも，「味方になる」という目標は，一番優先されるべき，当面の目標です。味方にならなければ，深い情報は得られません。

9 メッセージプロセスに従い，4 つの痛いところに「あたり」をつけながら，話を聞き進め，6 要素的には，まずは感情に対するケア（受容と共感）を試みます。

その後の具体的なカウンセリング当面目標は，クライアントと合意しながら設定していきます。通常，大きいことではなく，小さいこと。遠いことではなく，目の前のことを取り上げます。

そのような目標を組み合わせながら，徐々にプロセスを進めていくのですが，しかし，ある時，クライアントがどうしてもこだわる内容があれば，プロセスは一旦脇に置き，それに付き合う必要があります。味方の関係の方を重視するからです。たとえば，クライアントが，トラウマになっているいじめの体験を

テーマにしたい，という場合，まだクライアントのエネルギーレベルが２段階で，そのテーマを扱ってもよい結果が出にくいとわかっていても，一度はクライアントの意向に沿うようにカウンセリングを進めます。

適時のわかりやすい説明

クライアントは，当初はとにかく自分の体験を伝えたいという表現欲求から話をすることが多いのですが，落ち着いてくると，今何のためにこの話をしているのか，この話がカウンセラーにどのように受け取られているのか，今後はどういう展開で自分の苦しみが少なくなる可能性があるのかなどを知りたくなります。

もし山岳ガイドが，無言で行きたい山と反対の方向に歩きだしたら，登山者は不安になります。その道が，厳しかったらなおさらです。

「少し急ですが，ここを上るとロープウェイの駅があります。そこから目指す山頂には15分で着けます。山頂付近で３時間は余裕をとれますから，目的の高山植物の写真もたくさん撮影できますよ」という説明があれば，安心して歩を進められます。

カウンセリングも同じです。カウセラーが，「今このカウンセリングをどうしようとしているのか」をできるだけ丁寧にクライアントに説明しながら，カウンセリングを進めるべきです。

その目標に向かうことが，現時点での「最善」であることを説明していきますが，その時一番重視するのは，クライアントに理解できるような説明をすることです。クライアントは通常，エネルギーと理解力が低下しています。難しい説明は，クライアントに負担をかけます。事例や比喩，単純化された理論などは，クライアントの理解を助けます。

説明力は，カウンセリングの重要な要素です。カウンセラーは，独りよがりの説明ではなく，クライアントの理解状況をよく把握しながら，わかりやすく，コンパクトに要点を絞った説明ができるようなスキルを鍛えておくべきです。

『クライシス・カウンセリング』で紹介した内容は，現実のクライアントに理解してもらいやすい説明になります。また，本書でも，これからさまざまな説明のヒントを紹介していきます。

ただ，それを単純に「理解している」だけではだめで，きちんとわかりやすい説明ができるレベルにまで，落とし込み，パフォーマンスを上げておく必要があります。

巻末に，現場で説明することが多いテーマを挙げておきました。

自分がどれぐらい説得力のある説明ができるかどうか，自問するだけでなく，ぜひ，仲間や第三者，クライアントなどに，実際に説明してみて下さい。

目標と方向，プロセスの概要を理解して，それを柔軟に変更する

実際のカウンセリングでは，カウンセリング目標を仮置きし，それが可能かどうかを探りつつ，もし不可能なら，ほかの目標を探していくという流れを繰り返します。

この時，目標の達成可能度を測るために，クライアント自身についての６要素やクライアントを取り巻く環境などについての情報収集が必要になります。

クライアントは，警戒し，緊張しながらカウンセリングを受け，しかも集中力も低下していることが多く，カウンセラーが望む情報を的確に話してくれないことがあります。

また，カウンセラー自身が，目標という概念を持たずいると，ただクライアントの話を聞き流してしまったり，観察するにしても，それなりの視点がないと，重要な情報に気づかないこともあります。

漠然と話を聞いているだけでも，時間を使うことで何とか味方の関係は作れるかもしれませんが，クライアントをできるだけ早く苦しみから解放してあげる支援ができているとは言えません。

たくさんの情報から，カウンセリングという限られた時間の中で，できるだけ質の高い情報収集をし，カウンセリングの目標や方向性，つまり戦略を立て，それを修正していくには，ポイントを絞った効率的な情報収集が必要になります。

ところが，中級レベルのカウンセラーでも，それがなかなか難しいようです。そこで，次章ではカウンセラーが意識しておくべき情報収集のポイントを紹介していきます。

第7章

適切な情報収集のコツ

情報の取り方，活かし方

情報収集にはパッシブ（受動的）とアクティブ（能動的）の2種類があり，この二つを上手に併用するとよいでしょう。

パッシブとは，よく観察することです。偏りのない情報収集ができます。一方，必要な情報が出てこないことも多く，分析・決定が不十分になったり，遅れてしまうこともあります。

アクティブとは，積極的にこちらから質問して情報をとることです。

カウンセラーの見立てが当たっていれば，短時間で効率よく情報が収集できますが，見立て以外の重要な情報を見逃す可能性があります。

カウンセリングをする場合，通常，ある程度わかっている情報，たとえば事前に表明してもらっている主訴や場面の情報から，いくつかの白紙的な目標（悩みの解消パターン）をイメージしながら，カウンセリングを始めます（方向性）。

まずは，あいさつで，カウンセラーの自己紹介やカウンセリングの進め方などの情報をこちらから提示します。その後，クライアントの主訴を聞き，イメージしていた白紙的目標を修正しつつ，当面の目標（通常は「味方になる」）を意識しながら話を聞き進めます。

時間や回数に制約がない時やクライアントの緊張が強い場合を除き，一般的には，少しでも効率的にカウンセリングを進めるために，白紙的目標の方向性を念頭に，アクティブに情報収集していく場合が多くなります。

情報収集というと，問題解決のための要素に関する情報収集を連想しがちですが，カウンセリングは，表面的な問題解決だけでなく，むしろ感情や欲求のトラブルを整理する支援が主体です。

特に前半は，警戒心を解き「味方になる」ことが重要な目標になります。つまりここで必要になるのは，このクライアントの味方になるためには，どんな事を受容・共感すれば良いかという情報です。そのためには，クライアントが何を経験し，何を感じ，何が苦手で，どんな精神的な努力をしてきたかなどの感情に関する情報を収集する必要があります。具体的には，味方になる段階では，四つの痛いところ※を中心に聞ける話題を選定し，質問していきます。しかし，その中でも，クライアントの反応や発言を主体としたパッシブ情報（偶然出す話題，クライアントの表情，クライアントの関心のありそうな態度）で，話題を柔軟に切り替えていきます。

つまりクライアントの発言は同じでも，カウンセリングのプロセスや目的によって，カウンセラーが注目する言葉や話題の広げ方が変わるのです。

例えば，右の例（図 7-1）では，もしこの会話が，進路の問題解決のためなら，キャリアに関連する情報収集をするための言葉に注目し，その方向で話題を広げます（1）。

もし，心理的葛藤の問題を考察するプロセスなら，葛藤に関連する言葉に注目して，質問するでしょう（2）。

一方，もしこの会話が，カウンセリングの冒頭部分で「味方になる」を目的としている段階でのものなら，大事だねＭや苦しかったねＭというメッセージを出せるような話題につなげたいので，ポジティブな面より，むしろネガティブな面に着目して話題を広げていきます（3）。

情報収集でメッセージが出る

情報収集ということを意識すると，どうしても事情聴取のような雰囲気が漂います。

気持ちのケアを目的とするのか，事態打開を目的とするのかは，プロセスで変化しますが，この目的の違いは，カウンセラーが収集しようとする情報，つまり話題で，メッセージとしてクライアントに伝わってしまいます。それがクライアントの望まないものだった場合，よい関係（味方）にはなりにくいし，カウンセリングも進みません。

『クライシス・カウンセリング』でも，何度も強調してきましたが，何を質問されるか，どんな話題でどれぐらいの時間を過ごすかで，カウンセラーの関心事項が伝わってしまうのです。アクティブな質問が多くなるほど，メッセージには気をつけなければなりません。また，質問の意図を説明しながら進める同じ話でも，目的によりどのワードに関心を持ち話題を広げていくかが異なる。

1　進路問題解決が目的なら，進路決定の為に必要な情報を聞く

昨日，突然出向の調整を受けました。出向と言っても以前は本社の一部分だったところが子会社化されたところ。英語を活かし，実力を発揮できる仕事だし，一応管理職なので栄転とも言えるポストですが……。

応答例：

- 出向についてどう考えていますか
- 管理職はあなたに向いていると思いますか
- 子会社に移ることで，今後のあなたのキャリアをどう考えていますか

2　心理的問題解決が目的なら，葛藤の内容を聞く

昨日，突然出向の調整を受けました。出向と言っても以前は本社の一部分だったところが子会社化されたところ。英語を活かし，実力を発揮できる仕事だし，一応管理職なので栄転とも言えるポストですが……。

応答例：

- 出向について残念に感じていますか，それとも期待のほうが大きいですか
- 仕事はやりがいを持てそうですか
- 管理職になることに戸惑いがありますか

3「味方になる」が目的なら，基礎メッセージが出せそうなところを聞く

昨日，突然出向の調整を受けました。出向と言っても以前は本社の一部分だったところが子会社化されたところ。英語を活かし，実力を発揮できる仕事だし，一応管理職なので栄転とも言えるポストですが……。

応答例

- 昨日，突然だったんだね（大事だよ M）
- 子会社に行けと言われたんですね（苦しいね M）
- 理職で栄転といえるけど，素直に喜べない，何か引っかかるんだね（苦しいね M）

図7-1　どこを聞いていくか

などの配慮が必要になります。

同時にがけ崩れ※も発生しやすくなるので，パッシブの観察も強化しておかなければなりません。カウンセラーがアクティブな質問をする時ほど，相手のノンバーバルの信号には，注意を払わなければならないのです。

※『クライシス・カウンセリング』60ページ「がけ崩れ対策」参照

情報収集項目（バリア病）

これから必要な情報を漏れなく収集するために9つの情報収集項目を紹介します。9の視点から，スキャンをかけていくという感じです。一つの視点で漏れていても，他の視点から引っかかるかもしれません。

このように区分されていると，この情報はどこに入れるべきかという整理にこだわる方がいらっしゃいます。どこに入れていようと構いません。その情報をきちんと認識し，カウンセリングに生かせていれば，それでいいのです。

リストは，カウンセリングにとって重要な要素から並べてあります。

場面理解，リスク，安全・安心，病気，エネルギーレベル，
抑圧・緊張，味方感，感情，対策

メンタルレスキュー協会の講座では，9項目の頭文字を並べて**「バリア病E預金ミカタ」**と覚えてもらっています。本書でも「バリア病」という表現が出たら，この9項目の情報収集のことだと理解して下さい。

場面理解

情報収集項目というと，すぐにクライアントについてのことだけを連想しがちですが，まずは大きな視点を持つべきです。いわゆる「場違い」なカウンセリングをしないためには，そのカウンセリングがどのような条件，環境で行われるのかということを，しっかり認識しておかなければなりません。

ここはどこ？，私は誰？，何を期待されている？，どんなことができる？，をしっかり認識してから，初めて何をするべきか（カウンセリング目標）が決まります。

そんなこと普通にできる，と思っている人は多いと思いますが，実はこれが一番難しいのです。しかも，当初認識していても，カウンセリングの途中で忘れてしまうことも多いのです。「話を聞く」「問題を解決する」という短期目標に引っ張られるからです。

医療現場やハローワークでの面接など，常に場面が固定している状態でカウンセリングしている人は，たとえば，惨事の支援をするために災害現場に乗り込んだ時も，つい，いつもと同じ手順，同じトーン，同じ対応をしがちです。緊張すればするほど，いつもと同じことしかできなくなります。

「場面理解」では，このカウンセリングに伴うクライアント，カウンセラー，時間，場所，関係者などの大きな要素の特性をつかみます。

考察する範囲は，大変広いのですが，重要ないくつかを提示しておきます。

■ カウンセリングに使える時間，場所，ツール

カウンセリングに使える時間，場所，設備などの状況です。

残り時間の変化も場の情報です。たとえば，あと5分しかない段階で，あるテーマが語られ始めた時の対応は，残りが30分ある時の対応と同じではありません。

また，クライアントにとって，どんな時間なのか。休憩時間か，勤務の途中抜けてきたのか，なども重要です。

その場にいるのは，相談する人だけなのか，ほかに人がいるのか。安心できる環境での相談か。一回きりの接触か，継続可能か。対面なのか，ＴＶ電話なのか，メールなのか，SNSなのか。クライアントは料金を払うのかどうかなどによっても，今後のカウンセリングの進め方が変わります。

■ 問題解決に関わる時間軸

たとえば，明日の会議を欠席したいというクライアントの主訴がある時，たとえクライアントがうつの状態だと察知しても，うつに対する情報収集や対策に進むのではなく，明日どうするか，というテーマに何とか答えを出していかなければなりません。

■ 自分とクライアントの立ち位置

たとえばカウンセラー自身が，個人としてボランティアの災害支援なのか，会社から要望されてチームとして支援に入っているのか。たとえば，クライアントは悩んでいる本人なのか，家族上司同僚なのか。

■ 期待される役割

たとえば，気持ちのケアを求められるのか，相談先への情報提供を求められているのか，リスク評価を求められるのか，クライアントの状態についての分析と報告を求められるのか，クライアントへの心理教育を求められるのか，接し方のアドバイスを求められるのか……。

■ 横との関係

クライアントが活用できる資源にはどのようなものがあるか。

自分が活用できる資源は？たとえば災害現場なら，必要なライフラインはあるのか。

組織的活動の場合，自分の活動に何らかの制約はかかるのか。

■ カウンセリング来訪の流れ

クライアントが自発的に来たのか，家族に促されていやいや来たのか。誰かの紹介があったのか。この相談所の特徴を知って選択して来訪したのか，たまたまか，など。

たとえば，職場で体調が悪いのを同僚に認められ，内科を受診したところ，内科の医師から精神科を受診したらと勧められて，カウンセラーを訪れたという流れのクライアントがいたとします。通常なら精神科に行くところをカウンセラーに来ている，というということに着目しなければなりません。

この場の情報から，このクライアントさんは精神科受診に対して何らかの不安を持っている可能性が予想されます。つまり，この精神科受診の不安を和らげるということが白紙的なカウンセリング目標の一つとして上がってくるのです。

リスク

通常カウンセリングの中でリスクとして意識される自傷他害の恐れだけでなく，クライアントの今後の生活を脅かす可能性のあるものすべてを対象として考察します。

たとえば，金銭問題，雇用問題，身体疾患の悪化，支援者（ペットなどの心の支え）がいなくなる，ライフイベントが急激に増える，子どもがいじめられている，発達障害の恐れがあるなど。

場にもよりますが，カウンセラーを依頼した会社としてのリスク，カウンセラー個人を守るためのリスクも考察します。たとえば，クライアントが会社の秘密を暴露する危険性や，カウンセラーにストーキングする恐れなどです。

安全・安心感

リスクは外的な危険性ですが，安全･安心は，クライアントの内面の要素です。

たとえば，地震の後，倒壊するかも……と感じているビルでは，クライアントは安心して話ができません。自分の行動が会社から監視されていると感じているクライアントは，簡単に内面を打ち明けることはできません。

家にいると，家族から責められる感じがして，落ち着けないというクライアントも多いものです。音に敏感で，背景に小さな音がしているだけで話に集中できない方もいらっしゃいます。

誰かに攻撃されるかもしれないという不安や恐怖が強い人は，話を聞くことより，動作法などの身体接触やイメージからのアプローチにより，安心を深めてもらうことが有効な場合があります。カウンセラーが味方であることを体感してもらうと，ようやく言語によるカウンセリングが始められます。

病気・体調

精神的な病気だけでなく，身体的な病気に関する情報にも注目します。

その病気に対して，きちんとした医療につながっているのか，今後の回復の見通しはどうなのか，薬の副作用のつらさなどを確認します。

うつ状態の不安や焦りが強い時，カウンセラーだけの力で支えるのはかなり難しくなります。カウンセラーはカウンセリングの間は直接支えられますが，薬は24時間，クライアントを支えてくれます。ただ精神科のお薬の場合，クライアントによって合う，合わないの差が激しく，合わない薬は苦痛の方が大きくなっている場合が多いのです。

また，薬の効果で思考が働かなくなっているクライアントに，思考を進めるカウンセリングをしても，考えられない自分を認識させるだけの挫折体験を与えることになります。薬の適応効果についてもある程度把握しておく必要があります。

身体病の薬の副作用でうつ状態が悪化することもあるので，それらもチェックするべきです。また，風邪をひくと当然私たちは苦しくなりますが，うつ状態の方は，それを精神的な症状と勘違いすることがあります。脱水や生理痛も精神的な症状と間違いやすいので，気をつけなければなりません。

アトピー性皮膚炎などのアレルギーや大きな手術の後の苦しみも，精神症状を悪化させがちです。

エネルギー状態

疲労うつの症状※，ライフイベント※，しがみつき※などの情報から，疲労の3段階で大まかに把握します。『クライシス・カウンセリング』で詳述しているので詳しい説明は割愛します。

ここはかなり時間をかけて丁寧に情報収集します。経緯表（89ページ，216～217ページ）などを活用するとよいでしょう。

抑圧・緊張

クライアントは，無意識のうちに思い出さないようにしたり，苦しさを認識しないようにしていることがあります。逆に感情的になって，短絡的な発言をすることもあります。

クライアントの話をそのまま受け取ってはいけません。

特に，ファーストショック※が強い場合や，表面飾り※が強い場合など，クライアントの「大丈夫です」をどこまでそのまま受け取っていいのかを，慎重に判断する必要があります。

味方感

クライアントがカウンセラーをどれぐらい信頼してくれているかの度合いです。

味方の関係でないと，カウンセリングの効果も薄くなるし，提案も受け入れてもらいにくくなります。初中級のカウンセラーは，味方度がまだ低いにもかかわらず，説明や説得をしがちです。

上級のカウンセラーは，クライアントの警戒心がどれくらい強いか，自分がどれぐらい信頼を得ているか，あるいは自分が発したメッセージが裏に取られたり，プロセスががけ崩れしてはいないか，つまり，味方度の変化に常に敏感にカウンセリングを進めていけます。

感情・思考

四つの痛いところを中心に，本人がどんな感情に，どんな思考・物語に苦しんでいるのかという本質を探ります。

当然，そこが的外れだと，クライアントは「わかってもらえない」という感じになり，カウンセリングに対する満足度が低下します。

対処法

クライアントが当面の問題にどう対処しているか，しようとしているかについて情報収集します。必ずしも現実的問題解決の方策だけでなく，クライアントが自分なりに実施しているストレスへの対処の癖についても把握します。ストレス対処法には，意識的に行っているものと，無意識に行っているものがあり，どのストレス解消法にも，メリットとデメリットがあります。

特に，表面飾りやしがみつきはあるか，本人の行動が，周囲の人にどう理解されているかなどに注目します。

今後どのようにカウンセリングを進めていくか，現実問題にどう対処していくかということについては，今後「カウンセリング目標」で考察します。

情報収集項目の使い方

上級者になると，このような区分に従わなくても，重要なポイントは自然に抑えているものです。ところが中級者は，このようなリストに従って，意識的に見てみないと，見落としが多くなるのです。

上級者は，このような情報収集を「継続的に実施」しています。何らかの重要な要素がパッシブから入るたびに，分析を深め，修正し，新たなアクティブ情報の収集をしたり，カウンセリング目標の変更などを行うのです。

中級者には，クライアントの話を聞きながらこのサイクルを同時に回すことがかなり難しいと感じると思います。初めのうちは，カウンセリングが終わってから，バリア病で振り替える練習をするといいでしょう。慣れてきたら，カウンセリングの途中で，一旦意識をバリア病に向け，短時間でもいいのでそれぞれの視点からチェックを入れる練習をします。練習を積むうちに，自然に自分の思考パターンになってきます。

また，カウンセリングは模倣でうまくなる部分がありますが，ただ上級者のカウンセリングを漫然と見ていても，何がポイントなのかがわからないことが多いものです。モデリングを見るときの着目点としても，バリア病は活用できます。

また，中級者は，うまくいった時にこそ，バリア病の視点でしっかり振り返っておきたいものです。大きく視野を広げないと，どの要素が本当に成功に貢献したかを見誤り，的外れな学習をしてしまうことがあるからです。

たとえば「自分の悪いところはどこだと思いますか」という質問が，クライアントの気づきを促して，とてもよいカウンセリングになったとしましょう。

実は，エネルギーが高く，自責が少ないクライアントだったから，たまたまその質問が効果的だったのです。そのような分析もなく，「この質問がよかったのだ」と勘違いしてしまうと，次からどの人にも同じ質問をしがちになります。

バリア病や目標管理は，ベテランは無意識にできていることが多いのですが，ただ，無意識というのは修正が効きにくいという側面があります。

スポーツの一流プロでもコーチを頼むのは，自分だけの無意識だと，修正や成長を進めるプロセスの効率が悪いからです。ですから，上級者でも時々，SV を受け，あるいは自分でバリア病などのチェックをして，振り返ってみるといいでしょう。

うつ・クライシス専門カウンセリング戦略確認シート（バリア病チェックシート）

バ	場面	カウンセリングの時期，時間，場所，Co と CL の立場，今後のかかわり，支援目的，支援チーム，経理，来訪の経緯（自発，紹介，リファー）←これらを踏まえて，CO にとってはどういう場面か，CL にとってはどういう場面かを考察する。	
リ	リスク	顕在化しやすいリスク。自殺，事故，事件，ストーカー，暴力，CL が秘密を漏らす，心身の病気を悪化させる，退職，離婚，人間関係悪化，Co への攻撃，Co の信頼を失墜させるなど	
ア	安心・安全	クライアントの内面的な安心度のこと。災害・事件などへの不安，医療的不安，妄想等の不安，プライバシー不安，ジェンダー不安，対人恐怖的，音，におい，照度。その他支援してくれる人・制度の有無	
ビョウ	病気	心身の病気の可能性，悪化の可能性。身体症状を大きく把握。たとえば，認知症，糖尿病，飲んでいる薬の副作用	
E	エネルギー	1 から 3 段階で大まかに把握	
ヨキン	抑圧／緊張	惨事の後の抑圧，うつの表面飾りなどで，話さない，話せない，自覚できていない・覚えていない可能性の有無，その程度	
ミ	味方	Cl が気兼ねなく発言し，内面作業に集中できる関係か。アドバイスを聞き入れる関係か	
カ	感情／思考	いわゆる葛藤，「痛いところ」，一致度。その他心身症系の身体不調	
タ	対策	本人がしている（考えている）問題への具体的対処法。しがみつきその効果（時期的変化も考慮），手順などの分析，本人の決定度，アドバイスが必要か，ＣＯにアドバイスができるかどうかの分析	
	カウンセリング目標		
	カウンセラー目標		
	クライアント目標		

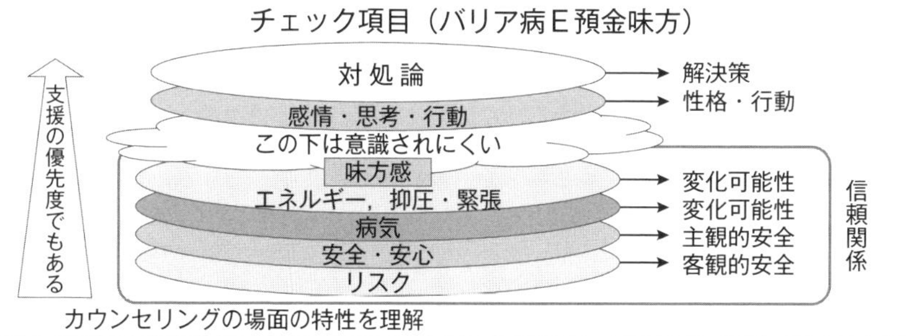

チェック項目（バリア病Ｅ預金味方）

支援の優先度でもある

対処論 → 解決策
感情・思考・行動 → 性格・行動
この下は意識されにくい
味方感
エネルギー，抑圧・緊張 → 変化可能性
病気 → 変化可能性
安全・安心 → 主観的安全
リスク → 客観的安全

信頼関係

カウンセリングの場面の特性を理解

第8章

説明するスキル

カウンセラーが意識して強化してほしいのが，説明するスキルです。

メンタルレスキュー協会では，クライアントの苦しみを少しでも少なくする手段の一つとして，「情報で癒す」ことを強調しています。

クライアントは，感情のバイアスによる偏った情報収集をして苦しんでいる部分があります。クライアントの状態によっては，ただ話を聞くだけでなく，積極的に情報に触れることを後押ししたり，症状の説明や，解決に向かう方法など，クライアントが落ち着けるような物語（ナラティブ）のヒントを差し上げたりします。

情報提供は，とても効果がある場合が多いのですが，これまでも説明してきた通り，まずはきちんと話を聞いて味方の関係になっていないと，情報を受け取ってはくれません。敵から与えられる情報は，自分を危うくするからです。

まだ，敵としてしか認定されていない状態で，カウンセラーが情報を押しつけると，それは，クライアントを攻撃していることになります。情報を効果的に使うためにも，9メッセージプロセス※を大切にしてください。

相手理論を探す支援

説明となると，自分が理解した内容を，そのまま伝えようとしてしまいがちです。勉強したけれど，自分がまだ十分納得していない場合，「借り物理論」と呼びます。借り物理論は，説明されるほうはすぐに，偽物だとわかってしまいます。

自分が納得し，自分の生き方にも取り入れている理屈は，「自分理論」と言います。自分理論は，ある程度の説得力がありますが，必ずしもそれが相手に伝わるわけではありません。

相手には，相手の価値観や，体験，理解力，都合などがあります。人は理屈だけで動くものではないという「人の心の特性」を思い出して下さい。相手が納得し受け入れてくれる理屈を「相手理論」と呼んでいます。

カウンセリングは，相手理論を探すスキルです。自分理論を押しつける場ではありません。

別の言い方をすれば，クライアントに言い訳を作ってあげる支援と考えてもいいと思います。

休むことに罪悪感のあるクライアントには，「全力を使い切っては，いざというとき人助けができない。3割は，会社や他人の人助けのために，とっておいてください」と言うと，活動をセーブしやすくなる場合があります。

相手理論のためには「正しいこと」にこだわりすぎない

私たちは，何かを説明するとき，どうしても「正しいこと」「お墨付きがあること」を語りたいという欲求があります。もし，違うと訴えられたら，自分を守らなければならないと思っている部分もあります。

ただ，カウンセリングの目的に立ち返ると，私たちは，クライアントの苦しみを少なくする支援をしているのです。クライアントに「正しいこと」を教育する作業をしているのではありません。

説明は，新しい視点の付与と考えるといいでしょう。こう考えると楽になるよ，という程度のものです。

学会で何かを発表する時のような理論武装は必要ありません。もし，データや既存の理論が使えるなら，使います。正しいかではなく，「このクライアントに有益かどうか」が判断基準です。

つまり，説明はオーダーメード。ある説明がうまく伝わらない場合は，違う説明を試みる。クライアントの心を動かす力がある説明を模索するので，アートの側面があります。

たとえば，惨事に遭遇した妊婦の方で，「ほかの人は，症状が消えているのに，自分だけ続いている。自分だけ甘えていると思われている」ということで悩んでいる方がいるとしましょう。

この場合，その人用の説明が必要です。たとえば「あなたは今妊娠されているので，母親が赤ちゃんを守ろうとする原始人的な母性本能が非常に強く働いているのです。だから，あなたはほかの人より警戒心が強くなっていると思ってください。それはあなたが，自分だけを守ろうとしているのではなく，あなたの赤ちゃんを守らなければならないという思いの表れです。この反応は長くは続きません。しばらくの間なので，その間は周囲の目がつらいかもしれませんが，ちゃんと赤ちゃんを守ってあげてください」と説明します。

これなら，「自分だけダメ，自分は弱い，自分だけ逃げている」と自責と無力感で悩んでいるクライアントにも受け入れられ，その苦しみに立ち向かう力になる可能性が高くなります。

このクライアントに対し，ただ「しばらくすればよくなります」と言うだけでは，周囲の非難の目にさらされている本人のつらさを理解していない「他人事メッセージ」※を出す説明になってしまうのです。

また，「不安と不眠のために，薬を出しておきます」だと，自分は病気で弱っており，この子を守ってあげられない……につながる可能性があります。

このようなさまざまな状況のクライアントに受け入れられる説明は，まったくの即興で出てくるものではありません。小説家がネタを考えるように，日ごろから，このことについては，どう説明することができるか……を常に考えておくことも必要です。

ほかの事例です。ハードな仕事が３カ月続いた後に，急に体調が悪くなったと訴える男性管理職がいました。カウンセラーは，「これは遅発疲労」※だと分析し，そう説明しましたが，どうも，クライアントにしっくりこないようです。クライアントが，納得し，落ち着き，苦しさを減らす方向の行動ができるような説明にはなっていないということです。「なるほど……，だからこうすればいいんだ」という展開を引き起こせない説明だということです。

このような場合も，クライアントの力となるような説明を必死で模索しなければなりません。

たとえばそのクライアントは，疲労での説明はピンときませんでしたが，娘さんが独立した「寂しさ」には，非常に強く反応していました。

うつを説明するときに，疲労→うつの流れでなく，愛する人がいなくなるとうつっぽくなるという方向からの説明の方が，このクライアントには，受け入れてもらいやすかったのです。

つまり，カウンセリングにおける説明は，正しい理論の講義ではなく，その人なりの，ナラティブ（物語）作りの支援なのです。

人は，現状をある物語で理解し，対策をとりたがる癖があります。そこで新たな物語やそのヒントを付与することが，ここでいう説明の役割なのです。

効果的な説明に，事例がありますが，これも学会の事例発表のようなものでなく，クライアントに，よりイメージしてもらいやすくするためのものです。創作事例で十分なのです。

『クライシス・カウンセリング』で紹介した，原始人の比喩※や，疲労の３段階，疲労のコップ※などの比喩も単なる効果的な説明パターンの一つでしかありません。これらを勉強しすぎると，そこから離れられず，いつも同じ説明をすることになりかねません。学びのデメリットです。カウンセリングは，常に，完全オーダーメードであることを忘れてはいけません。

この点，資格で縛られているカウンセラーは，いろんな倫理規定で自由な説明ができないかもしれませんが，趣旨を理解していただき，ご自分の立場を崩さない範囲で，効果的な説明をするように心がけてください。

また，カウンセラーがどのような人であるか，ということも大きな要素です。たとえば，クライアントが，僧侶に相談を持ち掛けた時は，心理分析ではなく，やはり法話のようなアドバイスを期待しているでしょう。これは「場面理解」の要素の一つです。

事例，比喩，単純理論，権威，データ

メンタルレスキュー協会では，「伝える技術」もトレーニングしていますが，その中でも特に重視しているのが五つの伝達スキルです。

どのスキルでも，意識してほしいのは，「わかりやすさ」のために使うということです。使うことで，逆にわかりにくくなってしまうようでは，意味がありません。

事例

たとえば，ペットロスでうつになり，なかなか治らず，「自分は一生このままなのではないか，それならもう終わりにしたい」と訴える高齢女性に対して，「ある婦人がいたとしてください。その方は，長男，次男が相次いで大学生として独立し，受験の大変さからは，肩の荷が下りたはずなのに，なぜかぽっかり穴が開いたようになって，あなたのように気力がなくなり，寂しさがつのって，何でもないのに涙が出てくるのだそうです。あるとき夫が帰ってみると，暗いキッチンに電気もつけずに，ただボーっとたたずむ妻がいて，『私は生きていく意味がない』と言うので，夫が驚いたというのです。あなたに似ていますよね。そんな方でも，ゆっくり日々を過ごし，だんだん夫と２人の生活に慣

れてくると，活動や笑顔も増え，半年ほどたつと以前の快活な妻に戻ってきたんです」などという話をする。これが事例です。

余計な理屈なしに，今のあなたは「ムリもない，誰でもそうなる」でも「回復できる」というメッセージを提示することができます。

事例を出す時は，できるだけ，クライアントが置かれている状況と似た環境の事例の方がうまくいきます。事前にいくつかの事例を準備しておき，それをクライアントに合わせて上手にアレンジしてください。学会での事例というより，創作物語でよいのです。実際，講師が講義での事例を使う時も，プライバシー保護のために，かなりアレンジして紹介します。そのアレンジを強めたものと考えてみいいでしょう。

また，最近はメディアにさまざまな体験談などが掲載されています。ネットなどでよい記事を見つけておき，カウンセリングの場でクライアントと一緒に見るのも有効です。マンガなどになっている事例が使いやすいと思います。

事例だからと言って必ず他者のケースを紹介しなければならないというわけでもありません。クライアントの話を具体的に聞いて，「こういう時には，こうなるかも……」という具体的な予測を提示できなければ，それが物語となり，クライアントの心が動きやすくなる事もあるのです。事例という言葉にとらわれず「具体的な物語イメージ」と考えると良いでしょう。

カウンセラー自身がうつや惨事の体験がある場合は，とても説得力のある事例になりますが，その際もこの事例でこのクライアントに何を伝えたいかをきちんと考えて，アレンジしながら伝えなければなりません。

比喩

ある目的を持って，わかりやすいほかの出来事で説明します。たとえば，クライアントを休ませたい時,「キリスト教の安息日は,休まないと怒られた」「飛行機の酸素マスクは，まず親から掛けるように指導されます。子どもにかけると，その間に自分が気を失うからです。それからでは子どものために何もできない」など。このほかにも原始人の比喩※，乾電池の比喩※，コップの比喩※，ブレーキとアクセルの同時押し，など，その状況に応じて使い分けてください。また，格言やことわざなどで表現するのでもよいのです。たとえば，「急がば回れ」「会社は一生面倒を見てくれない」などです。

また，日ごろから自分なりの比喩を考えておくのは，有益ですし，楽しい部分もあります。

事例と比喩は，うまくできれば，本当に効果が高いのですが，外れると，何を言いたいのかわからなくなります。ハイリスク・ハイリターンのスキルです。だからこそ，上級の方は，これを磨いてほしいのです。

どの事例・比喩が効果的かは，独りよがりにならず，他者にチェックしてもらうとよいでしょう。

単純理論

人は，理論で納得したい部分があります。この時，複雑で長い説明だと，負担感を感じやすいクライアントには受け入れてもらえません。学会や論文の説明方法をそのまま持ってきてはいけないのです。

思考の負担の少ない説明にするコツは，きわめて単純な理屈にしてしまうこと。

たとえば，「あなたは疲労している→だから休まなければならない，休めば元気になる」というシンプルな筋です。セロトニン仮説や炎症仮説などを詳しく説明しても，それを理解する負担を与えるだけです。また，「だから，どうすればいい」というクライアント目標にもつながりません。

もう一つは，やってほしいこと，クライアント目標に連結する部分だけを説明すること。

「あなたはこれこれの理由で，うつだ。うつを改善するには，これこれの手段があり，これこれの障害があり，それぞれの手段にはこのようなメリット・デメリットがある，さあ，選択して」。この説明は論理的ですが，何しろ理解するのが大変です。理解しても，やることがいっぱい過ぎて，それも負担感を増します。

現場でほしいのは，「あなたの問題はここだ。だから，当面こうすればいい。後は，その状況で考えよう」というスタイル。たとえば，「あなたは，どうもうつっぽい。うつに一番効果があるのは睡眠をとること。まずは睡眠をとる工夫をしよう」なら，うつの詳しい説明はいらず，睡眠を改善するとこうなるという簡単なデータの説明だけで済みます。しかも，「どうすればいいか」というクライアント目標も明確になりやすいのです。

権威，データ

「厚生労働省でも推奨している……」とか，「最新のデータでは……」，などと使います。人は権威や数字で説得されやすいものです。

何も学会に出なくても，ネットニュースなどで検索しておけば，関連の記事が出てくるたびスマホが教えてくれます。説明に活用できるような記事があれば，そのままスマートフォンなどに保存しておくとよいでしょう。

これらの説明は，必ず「こうすればよくなる。だから，あなたは（も）こうすればいい，こう考えればいい」というカウンセリング目標，クライアント目標につながるべきです。ちなみに，クライアント目標は，だから今はこのままでいい，でもよいのです。現状を維持する，も，立派な目標です。

カウンセリング目標やクライアント目標につながらない説明は，ただの小話になってしまいます。いい話を聞いたけれど，それをどう生かせばいいか……と後で混乱します。

経緯表

ベースに疲労うつが関係していると思われるクライアントを支援するとき，大変有効なツールが経緯表です。

クライアントの長年の苦しみをカウンセラーが理解するだけでなく，クライアント自身も自分の不調のパターンや努力の効果を客観的に整理することができます。

疲労の３段階※，荷下ろし※，遅発疲労※，ライフイベント※，しがみつき※などの説明と合わせて使います。

話を聞きながら，記入していく並行作業が加わるので，練習が必要です。

ライフイベントなどの事象に関することは黒，症状は赤，対処法（しがみつき）は青，そのほかは緑などと，色分けして記入していくと，のちの説明の時に使いやすくなります。

また，書くことに夢中になると，MC がおろそかになって，味方の関係が崩れることがありますので，書きながらも必要なメッセージは出せるように MC をさらに練習する必要があります。

記入した経緯表は，次回のためにカウンセラーが保管するだけでなく（経緯表だけで，記録になります），クライアント自身が自己理解を深めたり，家族などに説明したりする時に使えるよう，コピーを渡したり，スマホで写真に撮ってもらったりするとよいでしょう。

〈経緯表例（下園壮太（2010）「今度こそうつから脱け出す本」大和出版）事例と共に巻末付録参照〉

図示しながらの説明，資料を使った説明

クライアントは，理解力集中力が低下していることが多いので，言葉だけの説明では理解できないかもしれません。また，それを言い出せないこともあります。

努めて同じ土俵で会話を進めるために，図や資料，動画，マンガなどの視覚情報を多用するといいでしょう。

経緯表をはじめこれらの資料は，クライアントが持ち帰れるようにするとよいでしょう。その場で理解しなければならない，覚えなければならない，という負担感を軽減できます。

各種心理テスト

各種心理テストを効果的に使うこともクライアントの相手理論を作るために有効です。

たとえば，人はいろんな感じ方をするものだ，自分とは違うということを説明したければ，エゴグラムなどのテストを活用するとよいでしょう。

逆に，惨事の時には，みんな同じ反応をするのだということを説明したければ，IES-R※などのテストをやってもらうとよいでしょう。

なかなか自分では疲労を認めない方も，K10※の結果で高い点数が出ることがあります。それをもとに，会話を広げます。

これらの心理テストは，あくまでクライアントの自己理解が進む方向（クライアント目標につながる方向）になるようなら活用するだけで，決して，結果を押しつけ，クライアントに何かを無理強いするために使ってはいけません。

周囲へのアプローチにも説明力が重要

伝統的なカウンセリングでは，カウンセラーは，クライアント個人の心理面だけを扱う専門家と位置付けられることが多かったと思います。

一方私たちは，困っているクライアントを助けること，を大きな目標にしています。この大きな目標で考えると，個人だけを変えようとするアプローチにはかなり限界があります。

たとえば，いじめ事例では，被害者の個人の内面の強さを補強するというア

プローチもありますが，それは，かなり時間がかかりクライアントにも大きな負担をかける作業になります。

それより，職場や学校の理解を求め，いじめをする人と被害者を物理的に離してしまうことができれば，ずっと効率よく，クライアントの回復を期待できます。

その時，カウンセラーに必要になるのは，調整力と説明力です。

調整力

調整力の原点は，MC※です。たとえば，会社の上司にパワハラ対策をお願いする時も，単に，弱者を守るためにあなたはこれをやるべき，という正論でアプローチしても，受け入れられないことが多いでしょう。

というのも，その上司には，その上司の言い分があり，都合があるからです。

こちらの要望（提案）を受け入れてもらうには，まず味方になる※。つまり，上司に対しても９メッセージプロセス※でアプローチすることが，調整成功の秘訣になるのです。

周囲に対する説明のコツ

通常人は，単に人助けで動く場合より，自分にも何らかのメリットがあるというWINWINの関係の時に，積極的な行動をしてくれます。

多くの場合，私たちがアプローチしようとする相手は，当該クライアントに対して，困っているか，どう支援していいかわからない状態であることが多いのです。

私たちは，クライアントと調整しつつ，クライアントの今の状態や，その言動の背景，どうしてほしいかの要望などの情報を，クライアントの周囲の支援者に伝えるのです。それは，支援者にとっても，現状とこれからどうすればいいかがわかる，とても貴重な情報になります。

その際は，やはりわかりやすい説明をすることがポイントになります。

事例と比喩，経緯表，図を使った説明，相手の年齢や経験などの特性に応じた理解しやすい説明ができるように練習しておくとよいでしょう。

第9章

クライアントの満足度を上げるための終わり方のスキル

カウンセリングにかなり慣れて，ある程度上手にクライアントを支援できる中級者になっていても，一回のカウンセリングをどう終わるかというスキルが不十分なカウンセラーが多いように思います。

クライアントは，今日のカウンセリングがどういう意味を持ち，次回にどうつながるのかを知りたいのです。

終わり方のスキルとは，今日のカウンセリングの意義づけを確認し，今後の見通しを示す場です。具体的には，クライアント目標の模索とそれに至る説明をきちんと行うことがポイントになります。

クライアント目標

クライアント目標とは，カウンセリングの後，クライアントの生活の指針になるアドバイス的内容です。

クライアント目標を上手に設定できると，次のような効果があります。

- クライアントが意欲を持てる （自分のやることが見えると明るくなれる）
- 他人任せでなく，自分の問題ととらえられる（積極性，第１の自信※の向上）
- カウンセラーも，そんなクライアントを見て，自分のカウンセリングに自信がつく（支援の意欲もわく）

ところが，一般的にクライアントに目標を提示するとなると，ついコーチング的な目標設定をしがちです。つまり，やる気を出させるための目標や，最終ゴールに向かうための単なる作業の細分目標などです。

これらは，仕事をするため，モチベーションを上げるために有効な目標で，社会で有能な人ほど，この目標になじんでおり，無意識にこの手の目標を提示しがちです。

このようなコーチング的な目標は，カウンセリングを受けるぐらいエネルギーの低下しているクライアントにとって，多くの場合，強い「変われM」※になってしまいます。

それが達成できないと，自分を責め，自信を失います。また，期待に応えられない自分はカウンセラーの信頼を失うのではという不安から，カウンセリングを中断してしまうきっかけになってしまうことも多いでしょう。

また，たとえば知人を事故で失った人の話を1時間聞いた後，最後に，呼吸法を勧めたとしましょう。カウンセラーとしては，つらい日常を少しでも穏やかに過ごしてもらうための工夫として紹介したのだと思います。

ところがそれは，「あなたが経験したことは，呼吸法で対処できるレベル，大したことない」というメッセージとして受け取られることがあります。提示したアドバイスについてきちんとした背景説明がない場合，最後の提案，つまりクライアント目標が，カウンセラーのクライアント理解として受け取られてしまうのです。

このように，カウンセリングの終わり方は，かなり強いメッセージを発信しがちです。極論すると，すべての説明と提案とは裏メッセージ※にとられやすく，がけ崩れ※を起こしやすいと考えるべきだと思います。ですから，カウンセリングの初心者には，説明やアドバイスが禁忌のように指導されてきたのです。

クライアントの力となれるような，上手な説明→クライアント目標が提示できるためのコツを紹介します。

説明と連動したカウンセリング目標，クライアント目標

クライアントの力となる，よいクライアント目標は，単独で生まれるものではありません。

- あなたの今の状態は，私（心のプロ）から見ると，こういう状態です（現状分析・説明）
- これからこういう方法で改善していこうと思います（回復手段の説明，カウンセリング目標）
- ですから，あなたは当面これをやってみてください（クライアント目標）

という一連の流れの中で，提示，合意されるべきものなのです。

通常，現状や将来の方向性の説明は，医療的な説明をするか，あるいは説明を避ける場合が多いと思います。

医療的な説明では，

- あなたには，こういう病気，あるいは病理があります。
- この病気を治療（病理を修正）しなければなりません。
- あなたは，この努力をしなければなりません（クライアント目標）。

という流れになることが多いのです。

これは，医学にとっては正しいことでしょう。ところが，最後のクライアント目標は，クライアントに無理難題を押しつける形，つまり頑張れ系メッセージ※になる場合があるのです。

このメッセージは，クライアント目標の提示の際だけでなく，説明の段階から発信されます。

クライアント目標は，クライアントが希望を持てるものでなければなりません。そうでなければ，むしろ何も提示しないほうがよいぐらいです。

よい説明→クライアント目標の流れとは，「なるほど，そういう現状なら，これまでのことが理解できる。どうすればいいかもわかる。それならやってみよう。そうすればよい展開が開けるかもしれない……」と感じてもらえるようなものであるべきです。

つまり，説明→クライアント目標は，客観的な一つの「正解パターン」の提示で終わるものでなく，バリア病によってきちんと把握したクライアントの状態により，変化させなければならないもの，相手理論を探す支援なのです。

とはいえ，これまでの「正しい」病理の説明でクライアントは満足していた……という方も多いと思います。

現状説明で，病気とか病理を専門家に説明してもらうだけで，「得体のしれない不安」がかなり低下するからです。しかし，問題はその後です。現状説明は，当然，「だからこうするべき」につながります。

指摘された病理が，自分ではどうしようもないものである時は，現状は理解し，少し安心したけれど，その後どうすればいいのか無力感に襲われることも多いのです。

また，認知行動療法のような自己改革系の宿題は，エネルギーの低いクライアントにとっては，正しくても「負担が大きい」課題で，結局できないことが多いのです。その場では，「これをやりさえすれば……」という光が見えても，その後に大きな挫折を感じる目標提示になりがちであることは知っておくべきです。

受け入れられるクライアント目標のコツ

さて，いよいよクライアント目標自体の設定のコツです。

あなたの状態はこうだ，これからこうやって改善していく，だからあなたはこうすればいいという流れで，だいたいの方向性は提示できます。

問題は，そこからです。目標には，意義，可能性，測定可能の三原則がありましたが，意義はこれまでの流れで満たされていますが，可能性の問題があります。

クライアントに提示する目標を，大きく三つに分けて考えるといいでしょう。

一つ目は，頑張れ目標。通常の元気レベルの人なら頑張れば到達できるもの

二つ目は，少し頑張れ目標。ほんの少しだけ頑張ればできそうな目標

三つ目は，変わらなくていいよ目標。現状のままでよいという目標。

通常のクライアントは，かなりエネルギーが低下していると思ってください。

バリア病による評価で，エネルギーレベルが疲労の第２段階より下であった場合，「変わらなくていいよ目標」を提案してください。ただ，「変わらなくていいなら，今の苦しみも変化がない……」と思われないような説明が必要です。たとえば，「今の状態を続けていれば，疲労が時間と共に改善してくるので，不安な気持ちも，次第によくなるはず」という説明です。

もし，もっと何かやりたいという感じのクライアントなら，「少し頑張れ目標」を提示します。

たとえば，「もしできるなら，少し散歩をしてみるといいのだけど，どう？」と提案します。そのあと，その意義を説明します。

「というのも，まずは体から再起動をかけていくと，心の再起動がしやすくなるんだ（比喩）。ほかのクライアントの方も，まずは散歩から始めて，今は，職場復帰訓練の最中なんだ（事例）」

これで，可能かどうかを具体的にディスカッションして，具体的なクライアント目標を設定していきます。

この過程で，目標の３原則の，意義と可能性はクリアしましたが，計測可能性については，触れていません。それはあえて，あいまいにしておくのです。

というのも，人はやってみないとわからないからです。あまりきっちりした目標を設定すると，できなかった時の言い訳も難しくなります。

カウンセラーはあらかじめ，「できなくてもいいからね。その時は，その時の対応を考えよう」と事前にプレッシャーを緩めておくとよいでしょう。

頑張れ目標を提示するのは，本当にクライアントが元気な時です。元気そうに見えても，表面かざり※しているだけかもしれません。頑張れ目標を提示した後でも，それを達成できなくてもいいというメッセージだけは伝えておかなければなりません。

説明→クライアント目標を模索するコツ

説明→クライアント目標は，オーダーメードですが，いくつかのパターンを理解しておくといいでしょう。

希望を感じる「説明→クライアント目標」には，

- こうすれば自力で解決できそうという方法論を明確にする場合（第１の自信の補強）
- 自分がどうしてこうなったのかがわかった，どうすれば回復するかもわかったという「能力」を補強する場合（第２の自信の補強）
- 自分には味方がおり，自分は当面動かなくてもいいと安心する場合（第３の自信を補強）
- 今回はたまたま運よく乗り越えられそうだという幸運を認識する場合

の四つがあります。

最も強い説明は，この四つが重なる部分です（図 9-1 の①）

たとえば，あるクライアントは，ルームシェアの友人との関係に悩んでいました。友人が部屋を片付けないのです。たまたま友人が旅行に行ったタイミングで，自分のスペースと友人のスペースを区切る間仕切りを入れました。自分のスペースだけはきちんと整理できたのです。ただ，それを旅行から帰ってくる友人にどう伝えればいいかを悩んでいました。

カウンセラーは約１時間話を聞いた後，次のような内容を現状に関する共通認識として伝えました。

- とてもつらい状態でイライラし，友人との関係も破たんしそうだったが，友人が旅行に行ってくれたおかげで数日間マイペースに過ごせた（幸運）
- クライアントの不調は仕事に追われていたことが主な理由であることがわかった。これまで嫌と言えなかったのは，友人に嫌な思いをさせたくなかったし，自分もこの環境を崩したくなかったからだとわかった（第２の自信の補強）。
- しかも，話をしているうち，友人はやはりとても大切な人であり支えられ

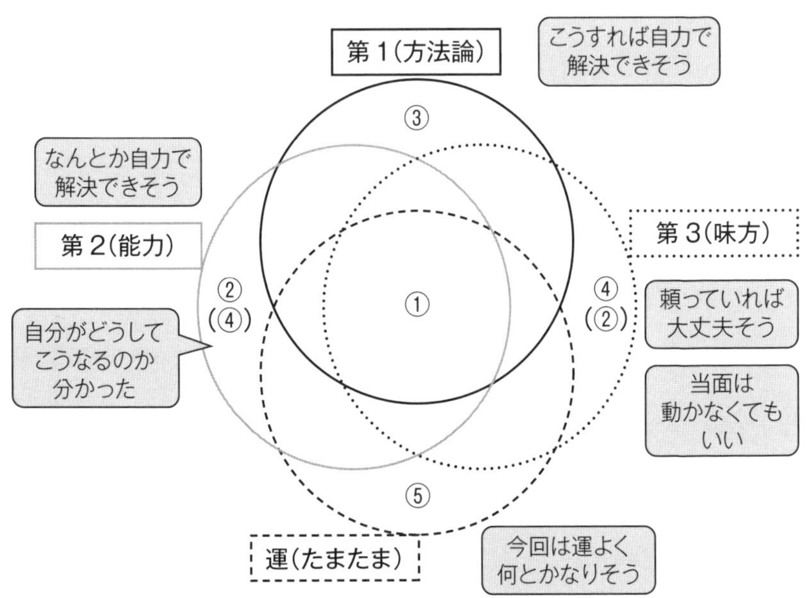

図9-1　先が見える，成長する感覚が得られるCL目標

ている部分も大きいことが自覚できた（第３の自信の補強）

- 友人がいない間に，自分のスペースを確保して，とりあえず落ち着ける環境を作れた（第１の自信）

この説明は，クライアントを大変勇気づけました。そして，「きちんと友人に説明できる気がしてきました」と答えてくれたのです。このケースの場合，クライアント目標をこちらから提示する必要はありませんでした。

説明による自信の補強に関しては，男性は，第２の自信の補強の方を好みますし，逆に女性は第３の自信の補強を望むことが多いようです（図9-2）。

また，それも個人の価値観，経緯，対処法，周囲の雰囲気，性格，時間の推移で変化しますが，特に男女のエネルギーレベルでの変化は大きいので，注意を要します。

疲労の第３段階※では，男女共に第３の無力感，第２段階では，男性は，第２の無力感の補強が主体となりますが，女性は，第３と第２の無力感のケアが半々になります。疲労の第１段階になると，男性は圧倒的に第１の自信，方法論を求めますが，女性はまだ３分の１は，第３の自信の補強を求めます。

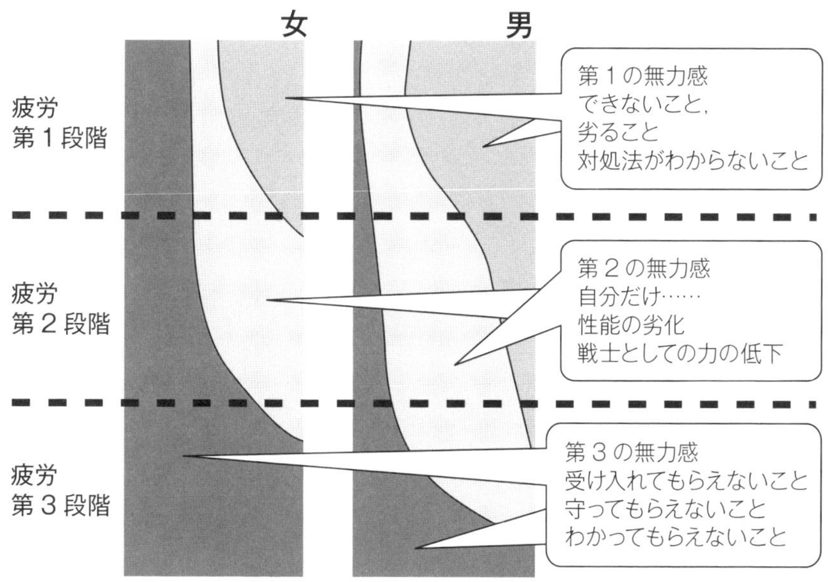

図9-2　男女の痛いところの差

説明や目標さがしの段階での「抵抗」は大歓迎

説明やクライアント目標の提示・模索の段階で，クライアントが抵抗することがあります。

カウンセラーはこれまでのカウンセリングが否定されたと感じて，あわてて追加の説明や，提案の説得をしてしまいがちです。

その時が，カウンセラーの腕の見せ所です。

人は直面して初めて心が動くところがあります。説明やクライアント目標として提示された具体的な内容により，初めてクライアントが自分の状態を感じることがあるのです。頭では「やるべき」と理解できていても，実際提示された時，「ムリ」という声が体から湧き上がることもあります。ですから，クライアント目標を提示する段階でのこのような抵抗は，当然の変化だと受け止めてください。

そしてむしろ，つらさをきちんと表現してくれたことに感謝しなければなりません。

少なくとも嫌なことは嫌と言える味方の関係性ができていることを喜んでください。また，クライアント自身は，負担感を表現できた一方，わかっているのにそうできないという第２の無力感や自責感が大きくなっているかもしれません。カウンセラーは，抵抗を当然，自然な心の動きと認識しているということを，伝えるとよいと思います。

さらに実は，カウンセリングにとって，このような抵抗は大歓迎すべき現象なのです。

カウンセリングは気持ちの整理を手伝う仕事です。嫌というのは，とても重要な感情情報，しかも，クライアント目標を提示しなければ出てこなかった情報です。

貴重な情報を得られたので，どうして嫌なのか，何が嫌なのかを深く探り，さらに深いところで共感ができるチャンスなのです。

カウンセリングでは，何かをさせることだけがゴールではなく，味方を強固にすることも重要な目標であることを忘れてはいけません。

時間管理のスキル

話を聞いて味方になり，現状や回復のための説明をし，クライアント目標をきちんと提示できれば，一回のカウンセリングを気持ちよく終えることができます。ただ，それがわかっていても，初めのうちはなかなか難しいものです。というのも，実際のカウンセリング場面で，時間管理を意識してカウンセリングしている人が少ないからです。カウンセリングのトレーニングでも，通常時間管理は教えません。

一般的には時間内に最大限のパフォーマンスを上げるのが社会の要請です。カウンセリングでも，貴重な時間を最大限に有効に使うことが，CSにつながるはずです。ただ，カウンセラーと安心した時間をゆっくり過ごすということがカウンセリング目標の場合は，時間を提供することがCSにつながる場合もあります。その場合でも無制限にお付き合いできるわけではありません。プロとして，費用対効果を考慮しつつクライアントに対し最大限のパフォーマンスを発揮するには，時間管理のスキルも要素になってくるのです。

自分のスキルの効果とそれに必要な時間を認識しておく

たとえば，味方になるのに，あるいはうつの説明をするのに，自分は通常どれぐらいの時間が必要なのかを認識しておかなければ，時間計画を立てることができません。

たとえば，自分なら症状や対処法の説明に10分，クライアント目標を一緒に模索するのに10分はかかる，という認識があれば，自由にクライアントに話題を展開してもらえる時間を計算できます。

もちろん，それぞれが速くできるようにスキルを上げることも重要です。

予備の時間をとる

また，カウンセリングでは相手がいることですから，予想通りの時間で進むことの方が稀です。そのような事態に対応するためには，予備の時間をとる必要があります。持ち時間の4分の1ほどは，予備と考えておくとよいと思います。

たとえば，60分のカウンセリングだとすると，15分は予備です。説明とクライアント目標の設定に20分かかるなら，自由な話題の転換ができるのは，30分強になります。

カウンセリング目標を修正して対応する

予備の時間を使っても，終了できないような状態なら，その回のカウンセリングの目標を変更して対応します。その場合は，その旨を説明し，次回の展開を予測して伝えて終結しなければならないので，その時間は確保します。

たとえば，今回のカウンセリングの総括と目標の変更の説明に3分は必要なら，残り5分になったら，クライアントにそれ以上新たな話をさせないようにしなければなりません。もちろん味方の関係は保持したまま終わりたいので，高度なMC（メッセージコントロール）のスキルが必要になります。

時間管理自体に慣れておく

時計の置き方，時計の見方などは，メッセージを出してしまいます。クライアントにどういう印象を与えるか，「時間が迫っているけど，大切にしようとしている」いう印象を与えるにはどうしたらいいかを，常々考えながら練習してほしいと思います。

カウンセリングは，MCをやりつつ相手の話を聞き，戦略を考えるなどの，同時並行作業課題ですが，その並行作業の一つに時間管理を必ず入れて，練習しておいてください。

話題コントロール（何を聞かないか）

「バリア病」の項目で情報収集できるようになると，さらに確認したいこと，伝えたいことが出てきてしまい，結果的に，矢継ぎ早にいろんな質問をして，いたずらに時間が経過してしまう傾向が見られます。そうなればなるほど，カウンセラー自身が焦ることも手伝い，直接質問※が多くなり，クライアントを責めてしまう印象が強くなってしまいます。終わりに近づくとそれが顕著になってくるので，せっかく前半で築いた味方関係を崩して，時間切れとなってしまうことも多いのです。

時間管理は，話題管理であり，特に「何を捨てるか」という思考の訓練でもあるのです。

終盤になるほど時間管理が重要に

カウンセリング終了時間が近づくに従い，カウンセラーがしっかり時間と話題を管理しなければなりません。クライアントは，言いたいことが尻切れトンボになってしまう可能性がありますし，あるいは，最後に急に大切なテーマを持ち出し，それをきちんと展開する時間がないと，結局「しっかり相談できなかった」という印象になることがあるからです。

たとえば，もうあと20分しかないという時点では，カウンセラーは，それまでに把握したバリア病の要素，特に味方度，クライアントの理解力など考慮し，カウンセリング目標をしっかり絞り切って，話題をコントロールしなければなりません。

話題をコントロールすると，クライアントは「話を聞いてもらえない」という印象を持つ可能性があります。MCのスキルを最大限発揮して対応します。

終わる前に，どうしても最後にこれだけは確認したかったと思う内容でも，それが，横堀質問※になる場合，かならず事前の要約をするか，質問の意図の説明をする必要があります。それができないなら，情報確認はあきらめなければなりません。味方であることの方が大切だからです。

クライアントの方が横道にそれたり，話題を広げる場合でも，しっかり要約し，MCを多用しつつ，話題をもとに戻してください。多少強引に話題を進めてがけ崩れの雰囲気が生じたら，少し相手に発言してもらうなど，きめ細やかなMCを使いながら，終結に向かいます。

第10章

戦略（目標，方法）を柔軟に変える力

バリア病の変化で目標も変化する

あるケースで考えてみましょう。

惨事後の組織に対する支援※（『クライシス・カウンセリング』151ページ〜162ページ）の一場面です。今回の惨事に一番強く関わったクライアントに，カウンセラー２名で対応し，主に中級者のカウンセラーが30分ほど話を聞いているという状況だと思って下さい。

クライアントのセカンドショック※が大きくなっており，自殺念慮もあります。受診の提案をしたところ，がけ崩れ※が生じました。少し沈黙が続いています。

その状態で上級者がカウンセリングを引き継ぎました。後20分で終結させなければなりません。

これまでの30分のカウンセリングで，バリア病の情報をどこまで把握し，味方感をどれほど積み上げてきたのか（あるいは崩れてきたのか）を踏まえて，後の20分で「何をどう扱えば，もっともクライアントを効果的に支えられる支援なのか」つまりカウンセリング目標の修正を考えていく場面です。

たとえば，

カウンセラーの頭の中には，受診と休息の方向に進んでほしいというカウンセリング目標があります。受診と休養が必要なことを，さらに強力に説得するという方向で20分を使おうとするかもしれません。

もし，味方関係が十分なら，よい方向性だと思います。この場合，

カウンセリング目標：受診・休養をしてもらう

カウンセラー目標：受診・休養を上手に説明，アドバイスする

クライアント目標：受診し，休養を組織に希望する

という目標設定になります。

ところが，この時点では，がけ崩れし，味方の関係が少し危うくなっています。カウンセラーも交代したばかり。この状態で引き続き受診，休養の目標に進むと，さまざまな抵抗に遭い，結局味方の関係をもっと崩して終結するという可能性が高くなります。

味方感が崩れているなら，20分をかけて，

カウンセリング目標：味方の関係を補強し，次のカウンセリングにつなぐ

カウンセラー目標：アドバイスを止め，味方メッセージが出るような話を聞き，その後，継続のための調整を行う

クライアント目標：特になし（変わらなくていいよ目標）

という方向に進むことが必要でしょう。

このように，上級者はどんな状況においても，ワンパターンの対応に陥らず，「今の状態で何が最大の支援になるか」を考えながらカウンセリングを進めなければなりません。

ある方向で進めようと思っていたら，クライアントが想定外の話をしてきた，あるいは想定外のリスクを感じたとしましょう。このように新しい情報が入ったら，またその時点で方向性や目標を修正していきながら，その時点その時点でのベストの支援を探りながらカウンセリングしていくのです。

しなければならないことは，たくさんあるでしょう。しかし，それを手順や優先順位を考えずにゴリ押しするのは，クライアントにとってむしろ「負担」となります。

中級者レベルでは，必要なことを覚えることが重要だったかもしれませんが，実際の支援場面（上級者レベル）では，必要なことはわかったうえで，今，何を言わないか，何を提示しないか，何に反応しないかという，引き算が必要になるのです。

もう一つの例です。

精神科受診に抵抗があり，カウンセラーを訪れたというクライアント。精神科受診への不安を和らげることをカウンセリング目標の一つとして話を聞き始めました。すると，かなりうつっぽいことがわかってきます。と同時に子どもが学校でトラブルを起こし，学校の先生に「発達障害」について疑われたことが，もう一つの大きな不安になっていることがわかってきました。

今日のカウンセリングの残り時間は20分です。

これらのバリア病の変化によって，カウンセリング目標（この状況ではまだ

カウンセラー目標と同じ）を修正しなければなりません。

目標には方向の要素と程度の要素があります。

まず，「方向」について。

この時点で，「精神科の不安と子どもの発達障害の不安を情報（説明）でケアする」と「うつ状態に対して何らかのケアをする」というという大きな二つのカウンセリング目標（方向性）が浮き上がってきます。

これを，現在のバリア病（たとえば，まだ明らかになっていない希死念慮の強さ，子どものトラブルの事後処置のリスク，カウンセラーが持っている知識，クライアントのエネルギー度，味方度）などを考察しつつ，今回は，どの山（方向）に向かって，どこまで（程度）進むかを決めていくのです。

今回のケースで一番効率的だと思われるのは，精神科受診と発達障害に対して安心情報を与えて，落ち着いてもらうことです。幸いカウンセラーにその知識があったからです。うつ対処は，確かに王道ですが，説明や「できるところ探し」にかなりの時間がかかります。ご自分の説得力に自信があれば，そちらに向かってもいいのですが，かなり厳しい行程になることを理解しなければなりません。少しそちらの方向の可能性を伺ってもいいですが，抵抗が強ければ，「次回に仕切り直し」という方が味方度を崩しません。

目標の二つ目の要素，「程度」についてはどう修正すればいいでしょうか。程度の修正とは，今回のカウンセリングで，当初目標としていたところまで行けないのなら，もっと手前の目標で我慢するという態度です。たとえばうつへの 3 点セット対処（受診，休養，環境調整）という行動までどうしても納得してもらえないのだったら，「うつが疲労である」ということの啓発だけで止めておいてもよいのですし，それも難しいなら，もう一歩前の目標，つまりもう一度苦労話を聞いて「味方になる」を強固にして次回に展開するという方法でもよいのです。

ただしこの判断をするためには 当面対処すべき切羽詰まった問題がないかという場面理解やリスクの情報をきちんと把握しておく必要があります。早急な対処が必要な場合は，どうしてもそこまで話を進めなければなりませんが，今回のようなケースの場合は再来も可能ですし，絶対に精神科を 2 ～ 3 日以内で受けなければならないというような時期的期限やリスクもありません。

このようなケースの場合，どうしても何らかの行動を約束させたい……とカウンセラーが焦るものです。何とかクライアントに早くよくなってもらいたいという支援者癖※の一つです。カウンセラーの持っている価値観をきちんと整理しておくことが重要になります。

陥りやすい当初の考えへの固執

状況や目標を常にチェックしていないと，つい無意識目標に引きずられ，状況に応じた目標の変更ができなくなります。無意識目標とは，言い換えれば，自分の思考の癖。これまで受けてきた躾，教育や人生経験（特に成功体験）に培われたもので，たとえそれが状況に合わなくても，「自分が間違っている」とも気が付きません。そもそも，そんな傾向があるということ自体に気がついていないことが多いのですから。

これも事例で考えてみましょう。自転車同士の軽いヒヤリ事故の後，自転車に乗れなくなり，「何をやってもダメ」と落ち込んでいた方が，同僚の勧めで，会社の契約 EAP を訪ねたというケースです。

まず前半 30 分が終わった段階の状態を「バリア病……」の項目で確認すると……（？はまだ確認されていない内容です）

- **場面**：初回面接，自発的来談，「自転車に乗れない」が主訴，あと面接の残りは，20 分
- **リスク**：ケガの悪化（頭のケガ）？　夫との関係？　会社との関係？　希死念慮？　睡眠が十分とれていない生活パターンなので，それがさまざまな悪影響を及ぼしかねない
- **安全・安心**：ぶつかってきた「60 代の男」に対する恐怖，道路や自転車への恐怖？
- **病気・体調**：ケガの引きずり，更年期？　うつ？　FS※（自転車に乗れない）
- **エネルギー**：介護からの疲労＋職場環境の変化で，2 段階下から 3 段階？
- **抑圧・緊張**：何となく警戒・緊張している感じ
- **味方感**：徐々に醸成中，まだ何となく警戒心が残る感じ
- **感情**：「自転車に乗れない」「今までにない仕事のミス」による第 2 の無力感，職場に対する怒り（おそらく 2 段階の症状）
- **対処法**：家族や同僚に話をしている。仕事などに集中して忘れようとしている（ができていない，そのことも第 2 の自信の低下に）

などが認識できます。

これを，『クライシス・カウンセリング』で紹介したうつ・惨事の知識に基

づいて考察すると，このクライアントの状態をおおむね次のように理解できるでしょう。

この方は，一年以上前からの母の介護で消耗し，おそらく疲労の第2段階※に陥り，その後（数カ月前から）の職場での多忙により蓄積疲労が悪化もしくは改善していない中で，今までにないような仕事上のミスを起こしたことを，それほど大事故ではなかった自転車事故の心理的後遺症（自転車に乗れない）から，「どうしていつまでも引きずっているのか」「何をやってもダメ」という大きな無力感・不安感が生じているようです。

自転車に乗れない，という症状は，惨事後のファーストショックFSの回避症状と理解できます。それほど大きな事故ではなかったのに，ダメージが大きいのは，疲労の第2段階での事故だったので，ショックが2倍だったからでしょう。また，その際に加害者から放たれた「馬鹿野郎，気をつけろ」という言葉も，2段階で過敏になっていた自責と，直前の仕事上のミスで大きくなっていた無力感を強く刺激したものと考えられます。

さて，これをもとに，あと20分のカウンセリングをどう進めようとするのか（つまりカウセリング目標）を考察し直します。

無意識のうちに大きな目標，根本目標を追いたがる

このようなクライアントに対する，基本的な対処は，『クライシス・カウンセリング』でもお伝えしているように，休養，受診，環境調整により，疲労を回復してもらうことです。

疲労に対処しない限り，クライアントの不安定な状況を根本的に改善できません。また，疲労をしっかり理解していただくことで，仕事上のケアレスミスや自転車事故，その後のショックの引きずりの大きさもある程度説明できます。

そこで，カウセリング目標を「疲労での説明で無力感を緩めてもらい，今後の疲労回復の対策を立てる」として後半をスタートしました。

ところが，その説明をしているうちに，このクライアントは，不眠を不眠と自覚できていないし，疲労も「介護のときよりずっとまし」と感じていること，さらに，介護については「以前父をしっかり介護できなかった，母は今度こそしっかり看てあげたい」という思い（責任感・自責）が強いため，疲労していることを自覚したくない麻痺させている状態であることがわかってきます。（「バリア病……」の変化です）

つまり，当初登ろうとしていた「疲労対処の山」は，今回のカウンセリングでは，非常に困難な崖続きのルートであったことがわかってきたのです。

この状態の中でも，もし時間があれば，経緯表などを使いさらに具体的に話を聞きながら味方を深め，そのうえで，ゆっくり説得して，崖を登っていくこともできるでしょう。しかし，時間がありません。このような場合，目標を柔軟に変更していかなければならないのです。方向性の修正が必要な場面なのです。

根本対処，基本対処にこだわって，うつの説得，うつ対処の押しつけをしてしまうと，それは「変われM」になりますし，山登りの例では，夕刻が迫っている中，体力のないクライアントに急な壁を登ることを強要しているようなものです。決して上級の登山ガイドのすることではありません。

しかしながら中級の多くの方は，基本対処にこだわり続けて，柔軟に目標を変更できないことが多いのです。

特に男性カウンセラーの場合，最初に立てた計画を，仕事をこなすように進めていく傾向があります。クライアントが，難色を示しても，自分の理論の正しさを「説得」しようとしてしまうのです。間違えた認識を持っているクライアントをディベートで打ち負かすことが無意識目標になっているからです。表面上はきちっと理論正しくブロックの階段を積み上げる作業をしていると思っていても，その地盤（つまり一番重要な味方感）がどんどん崩れていっていることに気がつかなければなりません。

クライアントを守ってやりたい，長期的に救ってあげたい，そのためにはクライアントを正したい，という思いからの行動なのですが，そのようなアプローチでは，本当の意味でクライアントの支援になっていない場合が多いのです。

小さな目標でも，全体に対する意義は大きい

では，具体的にどのように舵を切ればいいのでしょう。一例です。

もし，疲労アプローチの目標にクライアントの抵抗があるようなら，そのほかのさまざまな苦しさの中で，当面達成しやすい苦しさへの対処をターゲット（目標）にします。残り時間に応じた小さな目標です（方向性と程度の修正）

たとえば，今回のケースなら「自転車に乗れない苦しさをFS※の無力感対策で説明する」，という作業に絞るのです。

類似の交通事故目撃の事例を挙げ（みんなそうだよM）※，その理由を説明

します（理由があるよM）※。今回は，「ドキッとしたこと」，「馬鹿野郎」と言われた恐怖，言葉に最近の自分が重なってしまったこと，その後会社に行けなかった無力感（情けなさ）など，今回の事象が，クライアントにとって日常ではめったにない特別な出来事の連続であった（おおごとメッセージ）※ことを説明します。更に，身を守るための回避症状の原始人的説明を簡単にし，それは長くは続かないということを，再び先の事例で説明します。そのうえで，かと言って，自転車に乗れないのは介護を続けるうえでも大変なので，できるだけ早く乗れるようにする工夫や，しばらくはタクシーを使うなどの具体的対処法を一緒に考える……という進め方があるでしょう。さらに，今は事故現場を回避していることも，「上手な対処」として認めることも忘れてはなりません。

参考：『クライシス・カウンセリング』137ページ：ファーストショックへの無力感は7つの手順で対処

これなら，無力感をある程度即効的に緩め，さらに本人の困ったことに対し，「一緒に悩む」※という味方を強化する効果もあります。

そして最後は，「おそらく徐々に自転車に乗れるようになる。次回は，その状態を教えてほしい（クライアント目標）。もう一つ，私が気になるのは，少し最近集中力がなかったり，少し傷つきやすくなっている感じがあるような気がするのだけど，それは，昨年来の頑張りすぎのせいで，少し疲れがたまってしまっているからなのかと思う。お母様の介護をしっかり続けるためにも，あなた自身の健康管理にアドバイスしたいと思う」と次のカウンセリングを含めた将来像を提示して，終わります。

バリア病……の「場面」で確認したように，今回は初回面接，相手は自発来談です。味方の関係をしっかり作れば，次回からの支援で本当にクライアントを支えられるのです。本丸の蓄積疲労へは，その時にしっかり対処すればいいのです。

自分の考える目標を押しつけ，結局信頼関係を損なってしまいかねないアプローチは，自分では論理的なように感じていても，本当は小さな視点でしか考えられていないのです。

戦略的視点やスキルをどう鍛えるか

上級のカウンセリングスキルを磨く時，こうあるべきという正しい姿の追求だけでなく，自分自身の長所や欠点という特性をきちんと把握し，自分なりのカウンセリングスタイルを確立する意識を持つとよいと思います。

クライアントに個性があるように，カウンセラーにも個性があります。成長できるところ，変わらない部分を冷静に見極めて，自分なりの最大パフォーマンスを発揮しやすいスタイルを探すのです。

おそらくこれまでの学習では，心理療法などの心についての分析方法や療法を主体として学習している方が多いと思います。全体地図を持たず，いきなり細部地図を覚えようとするようなものです。細部を叩き込めば込むほど，その視点でしか見られなくなります。

そういう方こそ，ぜひ本書で紹介した戦略的視点を取り入れて勉強してほしいと思います。私たちの支援は，学んだことがセオリー通りにできたかどうかではなく，常に現場での効率・効果で評価されなければなりません。

現場の効率・効果を上げる要素としては，MC が一番重要です。声の使い方，表情，タイミング，しぐさ，服装，雰囲気作りなどを鍛えるとよいのです。

また，人の悩みは時代と共に変化していきます。たくさんのいろんなクライアントを持つカウンセラーなら，当然その変化を察知できるでしょうが，多くのカウンセラーは，現場の数もバラエティーもそれほど豊富ではないでしょう。今の人々の苦しみの形をある程度知っておくためには，マスコミやインターネットなどの社会情勢についての知識に興味を持ち，アップデートしておく必要があります。

自分の個性に応じたスタイルの模索としては，聞く態度を強化するか，説明力を強化するか，について考えてもいいと思います。もちろんどちらも必要ですが，長所を伸ばすと，自分らしさが生まれます。説明のための，物語，事例，比喩，小道具などを準備することは，即戦力になります。

音楽や芸術などのセンスがある方は，それをうまく活用する分野も考えてみてはいかがでしょう。もし，自分にスピリチュアルな感性があれば，それも条件によって使えるようになると，強力な武器になるでしょう。

学びのためには，できるだけ多くのカウンセラーと交流し，狭い視野に陥らないように意識すべきです。より広い視野を持つ先輩にスーパーバイズを依頼するとよいでしょう。また医療や司法，介護，教育，宗教，経済などの分野に相談できる仲間を作っておくことも，いろんなケースへの助言を得られます。

逆に一人で勉強したり，いたずらに専門知識を増やしたり，資格取得にこだわる勉強の仕方は，実力を伸ばすことにあまり寄与しません。

また，何か新しい可能性がある知識やスキルに触れた時は，まずは「そこには何かよい面があるハズ」という素直な姿勢で学習し，できるだけ早く自分の実践に取り入れて，現場での有効性を確認するべきです。ただ，どんな知識も完全ではないし，自分の個性に合わないかもしれません。よいところだけを学習したら，あまり一つの手法にこだわり過ぎないこともバランスを保つためには必要な態度です。

クライシス現場で使いやすい心理療法スキル

クライシス場面で使いやすい心理療法には，EFT，フォーカシング，呼吸法，タッピングタッチ，動作法などがあります。

どんどん新しくさまざまな療法が開発されているので，先に紹介した学習の態度に基づき，素直に取り入れ，勇気を持って現場で使い，その結果を自分で判断して取捨選択するといいでしょう。

そのときの一つの基準として，常に MC の視点でチェックしてみるといいでしょう。

ある技法を使う時，それは MC 的には，「こうすればいいよ M」を発信してしまいます。こうすればいいよ M は，がけ崩れを起こしやすい M です。

たとえば，トラウマ治療には EMDR というスキルが有効ですが，クライシス現場ではあまり使用しません。というのも，きちんとやると時間がかかるからです。少なくとも小一時間ぐらいはかかります。それで大きな効果が出ればいいのですが，惨事後間もない時は一つのつらいイメージが弱まっても，次のシーンが出てきて，トータルの苦しさがあまり低下しないという印象になることが多いのです。

そうなると，クライアントは「専門家がこんなに時間をかけてセラピーをしてくれたのに，あまり効果がない。自分は期待に応えられないし，自分の症状は，かなりひどいのだ。この専門家からも，見捨てられる……」というメッセージとして受け取る可能性が高いのです。

クライシス現場では，クライアントが負担なく，短時間ででき，比較的効果を感じやすいスキルが，MC 的にも有効なのです。

また，すべての心理療法はプラセボを含みます。メッセージの影響が大きいということです。実施者が借り物理論のまま実施すると，クライアントが不安になるメッセージが出ているので，効果が出にくいのです。実施者は，ある程度練習し，自信を持って実行してください。

第 11 章

うつの職場（社会）復帰支援

うつからの社会復帰を上手に支援するには，かなりのスキルが必要になります。死にたい気持ちを抱える個人を長期的に支援するということだけでも，かなり難しいタスクですが，カウンセラーは，家庭や職場，医療などとの連携役，サポート役として活動する必要もあるのです。

もちろん，本人だけを支えるというスタンスもあるでしょう。ただ，それでは結局本人の社会復帰はかなり困難な道のりになってしまいます。うつの社会復帰には，戦略的な支援が不可欠です。

①　うつのリハビリ期とその支援の特性

うつの 4 期（図 11-1）

メンタルレスキュー協会では，うつの過程を四つの期に分けて説明しています。

各時期の長さは人それぞれなのですが，カウンセラーとしてはある程度の尺度を持つ必要があるので，あえて期間のイメージを表示してあります。

落ち込み期：いろんなストレス，過重労働などで，通常疲労から 2 段階，3 段階へと落ち込んでいく時期です。途中は表面飾りをしていることがあるので，自分自身もうつだとは気がついていないことがあります。この時期は，3 カ月から 1 年ほどの期間をイメージしておくといいでしょう。

底期：3 段階で，いよいよ社会生活ができなくなった状態です。多くの場合，入院するか，自宅療養をしている時期です。1 から 2 カ月ほどをイメージしてください。

回復期：治療や環境調整により，回復してくる過程です。1 カ月から 6 カ月

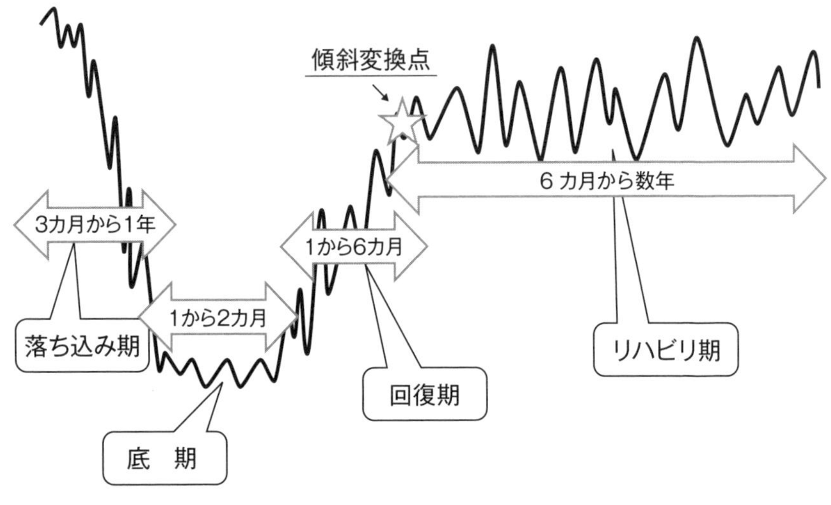

図 11-1　うつの 4 期

の間は，さまざまな機能がばらばらに回復してきます。自分でも，底期よりはよいと認識しやすい時期です。

リハビリ期：回復期の後，社会復帰をしながらも，本人としてはなかなか治りきった感じがしない時期が，少なくとも 6 カ月から数年は続きます。

カウンセラーは，クライアントとどの時点で知り合っても，クライアントが必要とする限り通常リハビリ期を乗り越えるまで，お手伝いをします。

社会復帰に伴うリスク

山岳ガイド風に言うと，うつの山は長く険しい山脈です。

いくつもの難所がありかなりの危険が伴います。その危険性やそれを越えるためのコツを知っているのが，上級の山岳ガイドということになります。

まずは，うつからの社会復帰のリスクを把握しておきましょう。

死にたいほどのつらさが，長く続く

これが一番のリスクです（図 11-2）。

あるショックな出来事で死にたくなることはあるでしょう。しかし，死にた

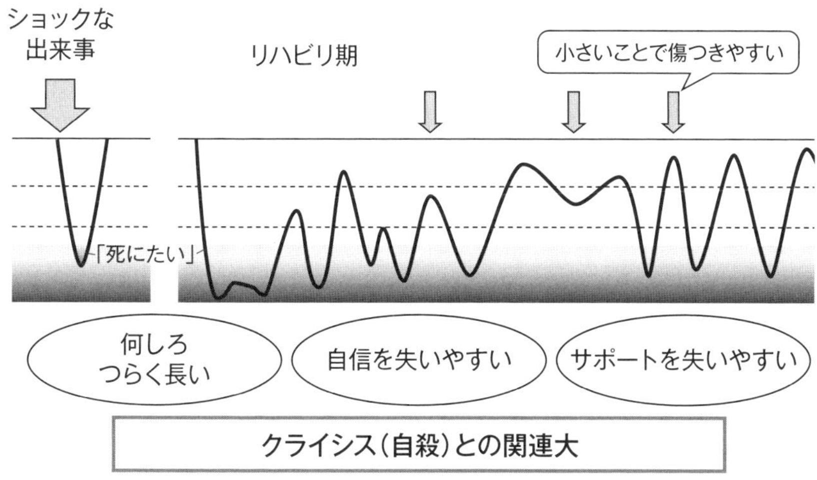

図 11-2　リハビリ期の危険性

いと感じる期間は，それほど長くは続きません。表の 3 段階※の影響ですから，通常時間とともに治まってきます。

ところが現代人のうつは，通常，疲労をベースとしており，その状態が解消するには，先に紹介した回復期，リハビリ期という長い期間を要します。その間は，苦しさの波に翻弄され，つらい波の時は死にたい気持ちが生じます。

死にたい気持ちは，リハビリ期の最後の最後までやってくるので，気を抜けません。

うつになった人が，驚くのが，そのつらさです。

一般の方に，少しでも理解してもらうために，比喩を使うのですが，心理的なつらさだとどうしても「考え方を変えれば，切り分ければ」と思われるので，身体的なつらさでたとえるようしています。

「風邪で熱が 40 度ある時のつらさだが，熱を測ったら平熱しかない状態」とたとえると，想像しやすくなる人が多いようです。

ここまでは，うつのつらい波の時の「つらさ」です。

問題はそのつらさがずっと続くということです。少なくとも数カ月，通常なら年単位です。

うつには波があるので，比較的元気な時は笑顔も見られます。ただ心理的には，いつまたあのつらい波が来るかもしれないと，常に怯えて生活している状態です。

また，不安や自責，自信のなさ，疲労感などは，少し元気な時でも，歯がうずくように鈍くずっと感じています。

治療して薬を飲むと，それらのつらさが少しは楽になりますが，それで順調に回復していくかというと，またつらい波が来るので，本人としてはなかなか治っているという実感が持てない。ずっと不安と焦りが続くのです。

うつはつらい体験をする惨事体験でもある。自信低下がポイント

このように，強度も強く時間も長い苦しみにさらされるのは，人生の中でなかなか経験しないことです。つまり，「惨事体験」※でもあるのです。

特に，回復期，リハビリ期は，外見上は回復に向かう過程ですが，その時間が苦しいのです。

苦しみの細部は後で解説しますが，結果として，小さなことで傷つきやすく自信を失い，うつから回復した後もうつの苦しさの記憶がトラウマのようになってしまうことがあるのです。

周囲の疲弊，経済，子どもへの影響などがある

本人はこれまで述べたような苦しみと戦うのですが，それに大きく影響を受けるのが，周囲の人々です。

周囲も，本人が思うように回復してくれないので，いつの間にか，本人の努力不足，本人の性格の弱さのせいにしてしまいがちです。また，サポートも時間がたつにつれ，薄くなっていきがちです。

このような周囲の疲弊や支援の低下は，本人の回復にも影響を及ぼします。

それだけでなく，退職などによる経済問題，近くで生活し，支援することによる周囲の人の疲弊，子どもへの影響など，さまざまなリスクに発展することも考慮しておかなければなりません。

カウンセラーの役割が大きい

うつはリハビリ期の過ごし方がとても重要です。

上手に，リハビリ期を越えられると，うつについての耐性のようなものができます。つまりレジリエンスを発揮できます。

一般的な職場復帰手順

うつからの社会復帰の中で，職場に復帰される方も多いと思います。厚生労働省は，職場復帰の手順を示しています。硬い感じの文章ですが，大まかにどんな流れかを理解しておくとよいでしょう。

● 病気休業開始及び休業中のケア

病気休業開始及び休業中のケアの段階であり，「労働者からの診断書（病気休業診断書）の提出」，「管理監督者によるケア及び事業場内産業保健スタッフ等によるケア」，「病気休業期間中の労働者の安心感の醸成のための対応」及び「その他」で構成されます。

● 主治医による職場復帰可能の判断

主治医による職場復帰可能の判断の段階であり，「労働者からの職場復帰の意思表示と職場復帰可能の判断が記された診断書の提出」，「産業医等による精査」及び「主治医への情報提供」で構成されます。

● 職場復帰の可否の判断及び職場復帰支援プランの作成

職場復帰の可否の判断及び職場復帰支援プランの作成の段階であり，「情報の収集と評価」，「職場復帰の可否についての判断」及び「職場復帰支援プランの作成」で構成されます。

● 最終的な職場復帰の決定

最終的な職場復帰の決定の段階であり，「労働者の状態の最終確認」，「就業上の配慮等に関する意見書の作成」，「事業者による最終的な職場復帰の決定」及び「その他」で構成されます。

● 職場復帰後のフォローアップ

職場復帰後のフォローアップの段階であり，「疾患の再燃・再発，新しい問題の発生等の有無の確認」，「勤務状況及び業務遂行能力の評価」，「職場復帰支援プランの実施状況の確認」，「治療状況の確認」，「職場復帰支援プランの評価と見直し」，「職場環境等の改善等」及び「管理監督者，同僚等への配慮等」で構成されます。

一方，うまく対処できないと，うつが慢性化し，性格のようになってしまいます。あるいは，運よく回復できても，うつになったことをトラウマとして認識･記憶してしまうと，またうつになることを恐れて生活することになります。結果，小さなストレスにも過剰反応し，またうつになってしまう確率が高くなるのです。

このような重要な時期を，カウンセラーは支えますが，『クライシス・カウンセリング』(97ページ)でもお伝えしたように，うつを支えるカウンセラーは，うつっぽくなりがちです。

リハビリ期のクライアントは，なかなか治らず，クライアントは苦しさを訴え続けます。カウンセラーは，自分の無力を感じ，自分を責めます。また，波が来るたびに，自殺，もしくはうつが悪化するかもしれないとカウンセラー自身も不安になります。そんな中で長期の支援をしなければならないので，疲労や負担感も募るのです。四つの痛いところが刺激される構造なのです。

上手に自分をコントロールし，これらのストレスに耐えられるカウンセラーでないと，リハビリ期の支援は難しいのです。

当事者は何がつらいか

では，うつの社会復帰に臨むクライアントは，何がつらいのでしょうか。集約すると「4つの痛いところ」※になるのですが，ここではもう少し具体的に紹介していきます。

その前にまずは，苦しさの原因となる，回復期～リハビリ期の回復の外的特徴を把握しておきましょう。

回復期～リハビリ期の外的特性

うつの回復を大きく見ると，図11-3のようなイメージです。波には，一カ月単位の大波と，よく三寒四温と表現される1週間ほどの中波と，数時間の小波があります。

太い実線がエネルギーの回復度，大波・中波を表します。これを「基本線」と呼びます。それを中心に小波（細線）の変動があります。また，社会に出ていると表面飾りをしてしまうので，周囲には点線の状態が見えてしまいます。

また，回復は非常にゆっくりなうえ，いろんな機能がばらばらに回復してきます。つまり一気に回復しないのです。特に意欲は最後まで回復しにくいようです。

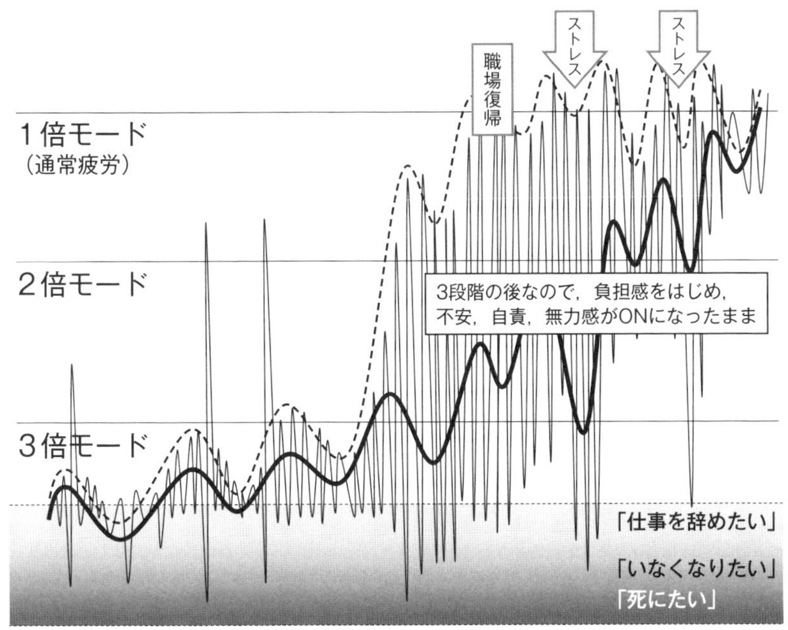

図 11-3　回復のイメージ

回復期は休養していますが，リハビリ期は社会復帰を目指して，社会に出ていきます。社会と接すると当然いろんな刺激を受けますが，元気な時なら難なくこなせる作業がとても負担に感じたり，少しのことで大きく動揺してしまいます。

それは，基本線がまだ，疲労の２段階※であることが多いこと，一旦休養モードに入った後なので，エンジンをかけるのに大きな負担感がかかることが原因です。

その環境をうつの視点で受け取る

もう一つ重要なのは，クライアントの感じ方です。同じ２段階でも，落ち込み期は四つの痛いところがばらばらに悪化してきましたし，表面飾りのために，痛さをあまり感じずに生活できた部分があります。

これに対して，リハビリ期の２段階は，四つの痛いところの偏った視点が，すべてONになっているので，先に説明したリハビリ期の外的特性に翻弄される自分を，自責，不安，負担感，無力感の視点で，観察してしまうのです。

その苦しみ方には，パターンがあります。基本的には四つの痛いところ※や，認知行動療法などで取り扱われる「10の認知のゆがみ」も含みますが，現実的にリハビリ期のクライアントが苦しむことを，おおむねプロセスに沿って生じる順番に並べました。

その思い込みはかなり強いので，ここでは「妄想」と表現します（精神医学の妄想ではありません）。

> 参考：10の認知のゆがみ
> 「全か無か思考，一般化のしすぎ，心のフィルター，マイナス化思考（プラスの否定），結論への飛躍，心の読みすぎ（読心術），先読みの誤り，拡大解釈（破滅化）と過小評価，感情的決めつけ，すべき思考，レッテル貼り，個人化（責任転嫁）」

自分はうつではない妄想（うつを認める苦しさ・無力）

元気な時に，うつは弱い人，甘えている人という認識を持っている人や，活動できなくなるということが，まったくイメージできなかった方は，自分がうつになったことをなかなか認めません。認めると，予想外の展開なので，人生がどうなっていくかわからない恐怖があるからです（第２の無力感）※。また，そんな人は，みんなから排除されるという思いもあります（第３の無力感）※。

一旦治療や休職を受け入れた後も，たとえうつでも優等生で抜けたい，これを克服してこそ成長だ，と考えてしまい，きちんとした休養をとれません。

休養をとり少し元気になると，「やはり自分はうつではなかった，甘えていただけだ」と，この妄想が何度も復活することがあります。それが強すぎると，うつが治った後もうつを否定するので，レジリエンスを発揮できません。

壊れてしまった，自分が自分でなくなった妄想（無力）

自分がコントロールできない，壊れてしまったという感覚。第２の無力感そのものです。

情熱を持ってやっていたことが，楽しいと思えなくなるのは，人生の目標を失うようでとてもつらいことです。

また，感情をコントロールできなくなったり，やらなければならないことが，できなくなってしまった自分を認識する時，自分が自分でなくなる恐怖に似た無力感（第2）を感じます。

自分だけ弱い妄想（無力・自責）

皆が耐えられることが自分だけ絶えられない，皆ができることが自分だけできない，という現状に対する絶望感です。

そんな弱い自分は排除される，馬鹿にされる，という恐怖を感じます。

これも，うつは弱い人，甘えている人という認識から派生するものです。うつの現実を否定できない時，自分は弱いからうつになった（第 2），弱い自分は社会の脱落者で，どこにも居場所がないと思います（第 3）。足手まといの自責にもつながります。

頑張っていない妄想（自責，無力，不安）

頑張っていない自分はダメ，助けてもらえない，非難される，もう治っているのに，甘えているという思いです。

現代のうつのほとんどは疲労うつで，休養することで回復が期待できます。ところが，日ごろから「真面目に頑張る，手を抜かない，努力する，休まない」という信条が強い人は，休むことに強い罪悪感を持ちます。真面目に頑張るべき，といった信条が強い人は，そうしない人は認められない，とも考えているので，周囲に非難される不安も抱えます。

また，頑張りが足りないから，この状況を打開できないのだと考え，わざと厳しい環境に身を置いたり，厳しいエクササイズや資格試験の勉強に励みます。しかしうつで集中力も理解力も体力もないので，結果が伴わず，さらにダメな自分を痛感してしまいます。それでも，まだ努力さえすれば何とかなると考えてしまいます。

努力するべきだが，それさえできない自分はダメだ妄想（自責，無力）

努力するべきだと思っていても，体調の悪さが波で襲ってくるので，活動を継続できません。そのことで，また自分を責め，自分をコントロールできない第 2 の無力感を強く感じます。能力が低下してもせめて努力する態度が示せれば，居場所もあるのですが，それもできないと思う時，絶望感が募ります（第 3 の無力感）。

早く治らなきゃ妄想（焦り，不安，自責，無力）

ほかの苦しみは波としての強弱が強いのですが，リハビリ期全般を通じて，ずっと苦しむのが焦りの感情です。むしろ時間と共に募ってくる部分もあります。この焦りと折り合いをつけられると，リハビリ期を穏やかに過ごせるようになります。

この苦しくダメな自分から早く解放されたい（第2），早く復帰しないと，居場所がなくなる（不安・第3），みんなから遅れてしまう（第1）などが主体です。

どこかに魔法があってそれを知らないだけ妄想（自責・不安・疲労感）

ある程度，自分なりの対処法をやってみた，医療も活用している，周囲の理解もある。それでも，なかなか自分が描くイメージで治っていかない。そんな時，「きっとこの状態から脱出できる正しい方法があって，自分はそれを知らない，巡り合っていないだけだ」と感じることがあります。

さまざまな情報源から，魔法のドクター，魔法の療法，魔法の薬，魔法のカウンセラー，魔法の家族，魔法の職場を求めます。しかし，結局魔法はみつからないので消耗が深まるだけに終わります。

治っていない，もう治らない妄想（無力，不安，疲労感）（図 11-4）

長く，不安定な状態，時にはよいけれど，気を抜いているとまたひどく落ちてしまう。そんな状態を何度も経験していると，なかなか回復を実感できません。

それが長引くと，自分は結局治っていない，自分はもう回復しないのだ，期待すると裏切られる，と感じます。

治らないという理由付けのため過去のトラブル（親の養育，いじめ，失敗体験など）などを繰り返し思い出して，そのたびに落ち込みます。

周囲は，回復していることを感じていますし，本人を励ますつもりで「治っているよ」と伝えますが，それが本人の感情を否定することになり，この苦しみは誰もわかってくれない，「誰も私を助けられない」と発展することがあります。

また，うつに戻ってしまう妄想（無力・不安）（図 11-5）

リハビリ期で少し安定してきたころ，下向きの波を感じるたび，このままままたあの苦しい状態に戻るのではないかという強い恐怖を感じます。

それが表に現れなくても，本人は，この思いにとても強く怯えているのです。

トラウマ（過去，もしくはうつの時のつらい体験）

うつからの社会復帰をする段階になると，うつの落ち込み期，回復期，リハビリ期で経験した「つらいこと」の記憶が強くよみがえりやすくなってきます。周囲にしてみれば，かなり前のこと，それほど大きくない出来事なので，これ

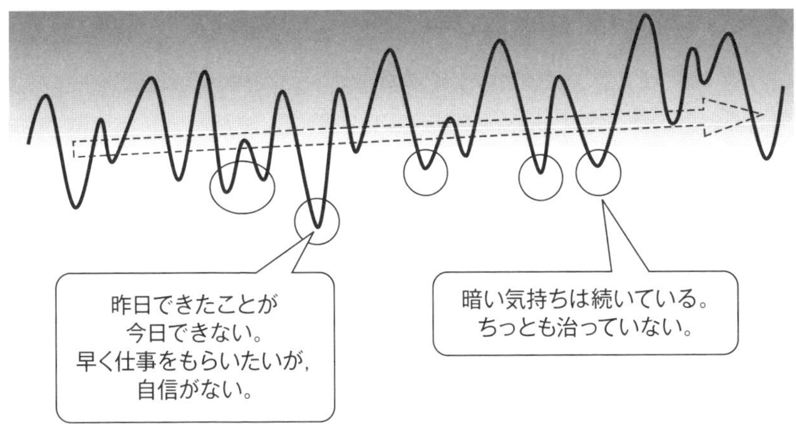

図 11-4　治らない妄想

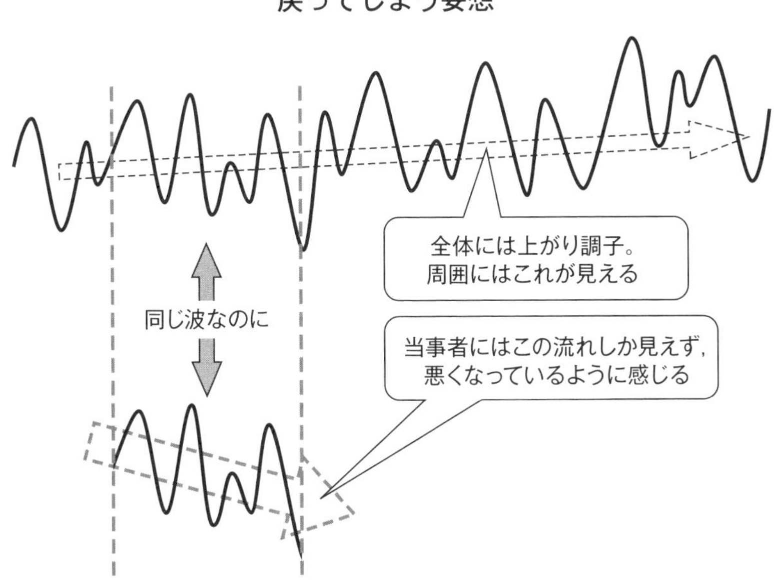

図 11-5　戻ってしまう妄想

も，周囲にはなかなか気がつきにくい苦しさです。

うつからの社会復帰支援には戦略的視野が必須

うつからの社会復帰をうまく支援するには，本書でお伝えしている戦略的支援の視野がとても重要になってきます。

環境の変化を適切に把握しなければならない

単に何らかの悩みや疾病を支援するなら，クライアントの内面とそのメカニズムに詳しくなるだけでもいいかもしれません。

ところがうつからの社会復帰は，非常に多くの要素が関わり，しかもそれがどんどん変化していきます。それらの状況を把握し，働きかける必要があります。

まず，回復ですから，クライアントの状態がどんどん変化していきます。クライアントの主観的には，「治っていない」は最後まで続くのですが，たとえば，当初頑なに思い込んでいた，「努力しなければ」とか「完全にやらなければ」などというつ特有の思考が，認知の修正などをしなくても，リハビリ期のころには，だいぶゆるんでくるのです。

さらに，波の影響もあるので，先週「できない」「やりたくない」と言ったからといって，今週も同じかというと，そうでもないのです。

また，環境にもいつもより注意を向けなければなりません。そもそも，どんな職場（勤務時間，ハードさ，通勤，社員数……）で，どんな支援制度があり，どんな上司・同僚がいるのかなどで，職場復帰の難易度が変わります。また，回復までの時間が長いため，職場側の環境も変化することがあります。ゆっくり復職していいと言ってくれていた上司が，転勤していまうこともあるのです。

このように，環境はどんどん変化していきます。バリア病で常に，最新の状況を把握しておく必要があるのです。また，カウンセリング目標も柔軟に変更していかなければなりません。

クライアントは現在地点を見失い，目標を失いがち。
「説明→クライアント目標の提示」が大切になる（図 11-6）

うつの回復は，長期にわたり，波が強いため，自分が今どの位置にいるかがわからなくなります。回復しているのか悪化しているのかさえ，わかりません。回復しているとしても，どのレベルまで進んで，あとどれぐらいの道のりがあ

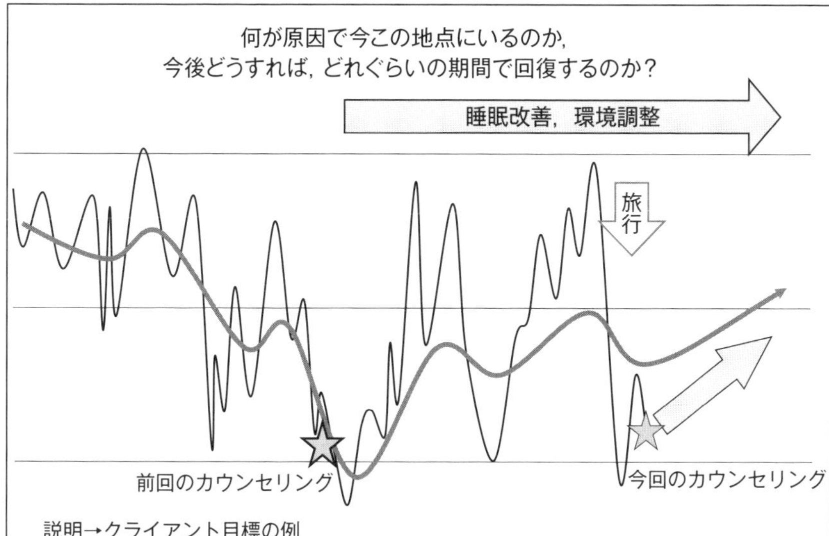

説明→クライアント目標の例

今は，２段階の下，前回のカウンセリングと同じレベルに戻ってきている。前回のカウンセリングで，睡眠を改善し，職場環境を整えたので，基本線は上がった（太線）。ただそれで安心し，気分転換に旅行に行った。まだ２段階だったので，ダメージが大きく，今はその疲労により一時的に下がっているだけ。このダメージは１週間は続くので，まずは休養。その後は，ここ１カ月と同じペースで活動していい。

図 11-6　現在地点と回復方向の説明

るかも想像できないのです。

うつの山岳ガイドとして，現在地とベクトル，次の目標地点とそれまでの時間や大変さを説明してあげなければなりません。

これは戦略的視点で説明した「説明→クライアント目標の提示」のスキルです。

社会復帰支援は，周囲を巻き込まなければならない

リハビリ期は，本人にとってだけでなく，家族や会社にとってもかなり厳しい体験になります。また，周囲のサポートが得られるか，連携がとれるかどうかで，回復が決まる部分もあります。

クライアントが，死にたいという気持ちを持っていることが多いので，周囲も，かなり緊張し，自分たちの言動に気を使います。一方で，日々変わるクライアントの言動をどう理解していいのかもわかりません。

周囲も，クライアントの，現在地，ベクトル，次にどうしようとしているのか，最終目的地までどれぐらいかかるのか，今私たちは，何をどう支援したらいいのか，を知りたいのです。

それを説明できるのは，やはりクライアントのことも，うつの山のこともよく知っているカウンセラーの役割になります。

当事者が陥りやすい思考（ナラティブ），相手の特性

うつ状態の人は，長い戦いの中でさまざまな試行錯誤をした結果，なかなか改善を感じられない状況に対して，自分なりの物語を作って，堪えようとします。

山岳ガイドは，山で迷った人をサポートする時，まずは現在地点を教えます。次に，どうすればいいか，どこに進めばいいかを教えます。大概は，それで，また一人で登山を続けていけるでしょう。

ただ，もしその遭難者が，もうすでに何度も道を見失っている人だったらどうでしょう。

行先はわかった，でもまた，道に迷う……と感じると思います。

そこで，山岳ガイドは，どうして道に迷ったのかをきちんと教えてあげ，そうならないような注意点を伝えます。

うつのリハビリ期のクライアントは，何度も道に迷った登山者と同じようなものです。なぜ自分がうつになったのか，なぜ停滞しているのかを知りたいのです。ですが，誰も教えてくれない時，自分なりの物語を作ります。

まずは，単にトラブルで一時的に落ち込んでいるだけ，自分の努力が足りないから，頭が鈍っているから，自分自身が弱いから，DNA が悪いから，性格を変えれば何とかなる……などの物語を作りますが，これらの物語では単に「だから努力しなければ……」という負担を増やしてしまい，自信を失うだけです。

次は，親の育て方が悪いから，あの時いじめに遭ったからと過去のせいにします。過去は変えられないので，行き詰まります。

次には，世の中が悪いから，親や，DNA や，医者や，家族が悪いからという物語を作ります。魔法を求めるのですが，これも，支援者が減っていくだけでうまくいきません。

次に，前世がよくないのだというスピリチュアル系の物語に救いを求めます。これも，効果に継続性がありません。

おわかりのように，これらの物語は，「だからこうしよう」というクライア

ント目標になりにくいし，現代人のうつに一番大切な「休養」をとる方向（カウンセリング目標）に向かいにくいのです。

これに対して，『クライシス・カウンセリング』で提案している疲労仮説で説明すると，多くの場合，本人は，自分がうつになってしまった経緯や，どうして抜け出せないのかが，理解できるようになります。そして，それならば，しっかり休まなければならないという，本来の目標に向かっていけるのです。

トラブルに遭うことや，過去や世間や性格や DNA は変えることはできませんが，疲労なら，自分でコントロールできるのです。

②　カウンセリングの進め方

聞くと説明するのバランス

このように，リハビリ期のクライアントは，自分なりのナラティブだけでは行き詰まっているところがあるので，カウンセラーがきちんとした説明をし，先を見せる支援（カウンセリング目標・クライアント目標の提示・合意）をすることが，重要です。

とはいえ，説明を受け入れてもらうためには，MC※が必要です。リハビリ期のカウンセリングは，継続カウンセリングになっていることが多いので，もう人間関係に気を遣う必要はない，少し状況を聞いたら，すぐに説明とアドバイスをすればいい……と考えがちですが，そうではありません。ある時，ある場面でのカウンセラーの一言で，クライアントは大変傷つき，そこでカウンセリングが中断することも多いのです。

クライアントの状態を始めとし，すべての環境は常に変化しています。まずは，それをしっかり確認してからでないと，説明できません。クライアントも，うつの苦しみを抱えた日々を送り，その不安や苦労を誰かに伝えたいのです。しかし，いつも同じタイプの苦しみなので，それを訴えても，カウンセラーには，「同じですね」と軽くあしらわれそうです。

カウンセラーは，まず，クライアントの苦しみをきちんと受け止めてください。「味方メッセージ」※を出して，信頼関係を再度確認してから，そこで得た情報をもとに，説明をしていきます。

リハビリ期のクライアントは，不安でいっぱいです。カウンセラーがどんと構えることが必要です。もちろんカウンセラーも慣れないうちは，不安でしょうが，SV などをきちんと受けて，できるだけ自分の不安を，クライアントに伝染させないようにしなければなりません。

リハビリ期を支える時のカウンセリングは，通常同じパターンの繰り返しになります。まず，最近の苦労，体調を聞く。当面の問題を聞く。そのことで，味方になりつつ，クライアントのうつ回復の旅の現在地，ベクトルを説明し，次への目標を共同で模索していきます。同じことを，何度も繰り返しながら，クライアントの回復に寄り添っていきます。

表面上の問題は，どんどん変化していきますが，うつ特有の思考パターンがありますから，悩みの形は，あまり変化しません。ですから，カウンセラーは同じことを何度も説明します。そうすると，クライアントも申し訳ないという思いと，説明されているのにできない自責感・無力感を感じてしまいがちです。「リハビリ期は，何度も同じ説明をするのが通常だからね」と，そのことについても，そのたび説明します。

また，理解を深めるため事例と比喩図示などを多用しながら説明します。

リハビリの支援の強力なツールになる「経緯表」

うつのクライアントは，現在地を見失い，どうして自分がこの苦境にいるのか，今後どのようにすれば，どれぐらい我慢すれば回復できるのかもわからなくなっています。さまざまな説明を単独でするより，まずは，クライアントがこれまでたどってきた道のりをきちんと時系列できちんと可視化してあげると，クライアントも理解が容易になります。

ここで紹介する経緯表は，クライアントがどの回復プロセスにいても使えますし，カウンセリングのたびに，何度でも使用できます。

経緯表を使うことで

- 自分は，いまどのぐらい回復しているのか（落ち込んでいるのか）
- 今は大きく見ると，上っているのか，下がっているのか，停滞なのか（図：ベクトル，基本線を確認する）
- それが一番表れやすいのは何か（症状，行動，考え方……）
- そもそも自分のうつは，何が原因だったのか（きっかけ）

- どうして悪化したのか，回復を邪魔しているのは何か
- 長引くリハビリの間でも，部分的にでもうまくいっていた時は何がよかったのか
- 今現在（最近）の落ち込みは，何が原因で，どれぐらい続くのか，どうすればいいのか
- 今，何を決心するのか。先延ばしをするなら，いつ決心するのか

などを明らかにすることができます。

すると結果的に，「何をどう変えればいいのか，何に頑張り，何を受け入れればいいのか」をクライアントに理解してもらいやすくなります。

またそれと同時に，「今の状態は，自分なりに一生懸命，必死に生きてきた結果であり，単なる失敗ではない。現状を受け入れつつ，ここからそれを生かして回復に向かおう」という意欲も刺激します（第 1・2 の無力感対策）。

書き方の手順

クライアントの現在の落ち込みに関係するであろう出来事を時系列で聞き取ります。ライフイベント※，うつと相性の悪い出来事※（『クライシス・カウンセリング』87 ページ，79 ページ）に注目します。

疲労仮説に基づく説明を予定しているので，生育歴や 5 年以上前のことについてはあまり注目しません。とはいえ，クライアントが語る内容は，MC 上無視できませんので，経緯表の左（右）側にまとめて記入しておきます。

同時に，その時期のうつの症状を聞き取り，記入していきます。

次に，その時にどんな対応をしたかを聞きます。その効果も把握します。しがみつきや，表面飾りに注意します。

各要素ごとの色分けをしておくと，理解と後での説明が容易になります。

経緯表は，あくまでもクライアントの自己理解，カウンセラーの説明のツールです。「正しい書き方」にこだわる必要はありません。クライアントや家族などが，理解できればいいだけのことです。

また，聞き取りの仕方も，質問を優先するあまり，クライアントの話をあまりにも遮ってはいけません。また，書くことだけに夢中になり，MC の質を落とさないようにしなければなりません。

とても熱心に聞いてくれていたら，いつのまにか経緯表ができていて，それで説明されると，よく理解できた……とクライアントが感じてくれるのが目標です。

経緯表　巻末付録資料（180 ～ 181 ページ，216 ～ 217 ページ）

回復予測を示す（カウンセリング目標とその修正）

クライアントは，長い戦いで回復意欲を失いがちです。また，そのために焦りが非常に強く，回復途中に調子を崩した時など，きちんと休み直すということができない場合が多いのです。

そのような時は，経緯表を使い，今後の予定，回復までの時間や，複数のチョイスごとの回復経緯を予測してあげます。

もちろん，正確な予測などできません。たとえ医師でも，クライアントを取り巻く環境の変化を予測することはできないからです。かといって，「いつ治るかわかりません」では，不安なクライアントは，戦う意欲を失ってしまいます。専門家が，治ると言えないとなると，クライアントは，自分のうつはよほどひどいのだ……と裏メッセージ※に取りがちです。医師とカウンセラーが「必ず治る」と言ってくれたから，頑張れたというクライアントは多いのです。

とはいえ，根拠なくいつごろまでに治るなどと言っても，説得力もありません。確率でイメージしてもらうのが受け入れてもらいやすいようです（図 11-7）。

「治る」と言えないのは，医師やカウンセラーも心の中に，もしその時までに治らなかったら，クライアントから訴訟を起こされる，という不安があるからです。ところが，そのようなおっかなびっくりな態度こそ，クライアントの不信を買い，訴訟などのもとになります。

きちんと MC を使い，誠実に説明し，人間関係が築かれていれば，責められることはありません。

一方，いつまでに治るはず，というと，それを目標に自分に縛りを付けてしまうクライアントもいます。それまでに治らない自分を責め，カウンセラーにも言えないのです。

そういう状態を避けるためにも，カウンセリング目標は，たとえば月に 1 度ずつ，こまめに修正していく必要があります。

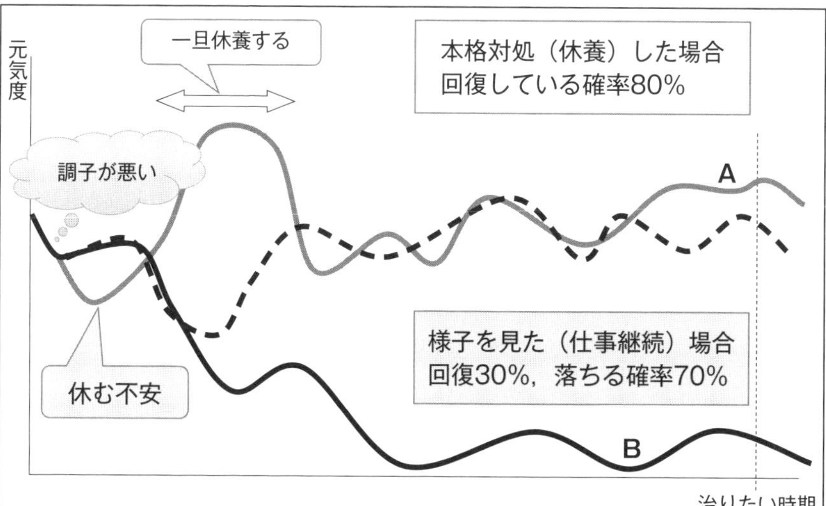

図 11-7 の解説

あるクライアントが，回復過程の途中で調子が悪くなりました。1 カ月半に迫った，社内のイベントに向けて少し頑張りすぎたのです。本来であれば，1 週間ほどの休養を取りたいところです。ところが，クライアントは，休みをとることに抵抗します。せっかくここまで頑張ってきたのだから，何とか乗り越えたいという思いと，これ以上休むと会社から見放されるという不安があるからです。

会社には，カウンセラーが説明し，1 週間の休みをとることは了解してもらいました。上司もそれを勧めてくれています。でも，クライアントはまだ渋っています。

そこで，カウンセラーは，経緯表を使い，回復確率を説明しました。まず，クライアントに 1 カ月半後のイベントまで，どんな感じで進むのかをイメージしてもらい，点線で書いてもらいました。

その後，心のプロとしての，回復予想を実線で示しました。

今 1 週間休むと，イベントの時に復活している確率は 80%。A の線です。

このまま頑張っても，うまくいくかもしれない。その確率は 30 パーセント。ただ落ちる確率が 70%（B の線）はある。この図を見て，クライアントは，休むことを選択しました。

もちろん，そこで，頑張ることを選択する場合もあります。そして実際うまくいくこともあるのです。その時は，カウンセラーも喜びます。

ただ，予想通り落ちてしまったら，それでクライアントを責めず，今回のことをよい教訓として，次のリハビリ作戦に活用するようにします。

図 11-7　回復確率で説明

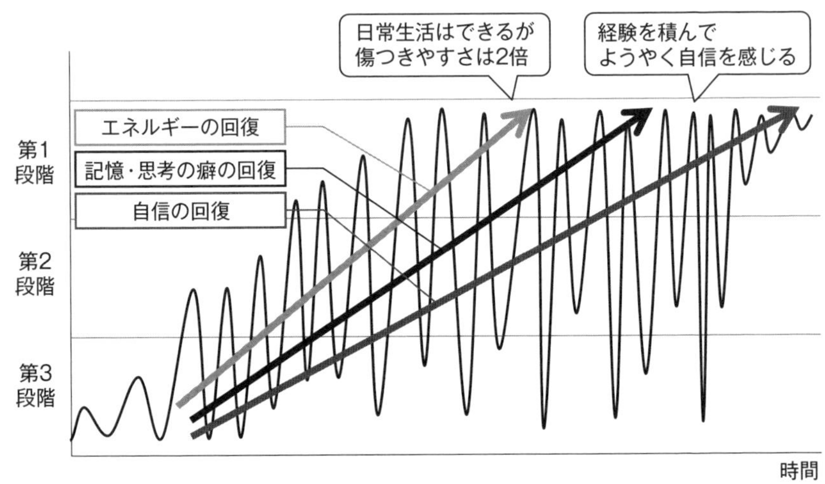

図 11-8　三つの要素の回復

③　段階ごとのカウンセリングのポイント

3 つの要素の回復

うつの回復では，3 つの要素の回復をイメージするといいでしょう（図 11-8)。

一つは，エネルギーの回復。二つ目は，記憶・思考の癖の回復，三つ目は自信の回復です。

適切な休養によってまずエネルギーが回復します。するとつらい記憶や思考の癖もだいぶ緩んできます。しかし，通常その時点で社会との接触も大きくなるので，記憶が刺激されたり，少しのことに過剰反応してしまうことがあり，それらをきっかけに落ち込む波が大きくなります。

エネルギーだけでなく，記憶や思考の癖についても慣れるための訓練をしていきます。

記憶と思考がある程度元気な本人の状態に戻ってきても，なかなか社会復帰できないこともあります。それは，うつという惨事体験で，自信を失っているからです。穏やかな環境での社会生活をある期間続けることで，ようやく自信が回復してきます。

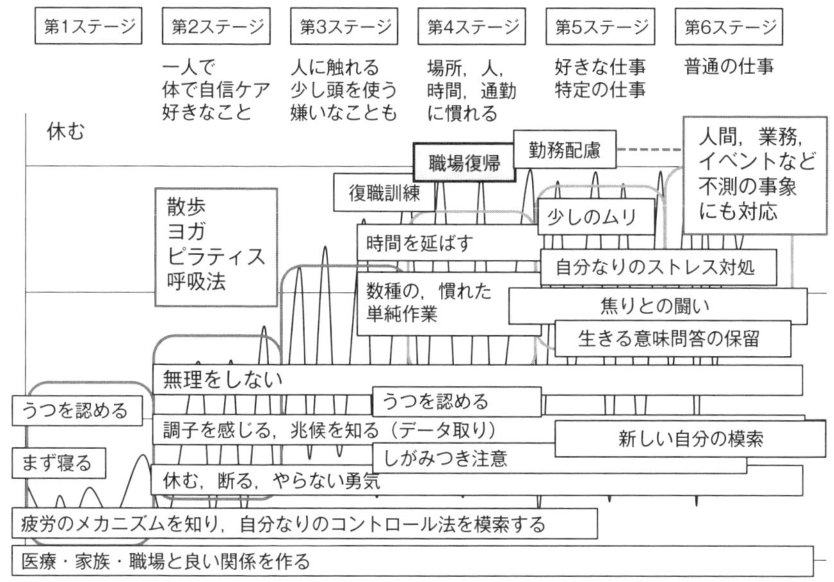

図 11-9　社会復帰の 6 ステージ

医学的には，エネルギーが 7 割程度回復した時点で，治癒と見なすでしょうが，人が本当に社会に復帰するには，3 つの要素がきちんと回復するまで，丁寧に支援していく必要があるのです。

よくなっていく 6 ステージプロセス

図 11-9 に受診や休職（自宅療養）などの本格的な休息に入った方が，順調に回復していただくための基本的な手順（プロセス）を載せました。

一応，目安として，1 カ月ごとの 6 カ月での回復で説明します。

これから，それぞれ段階の特性と，その時期に生じがちなクライアントのトラブル（苦しさ）とその支え方の一例を紹介します。

図 11-9 は，何の突発事案もなく平和に回復する時の理想的なイメージです。現実にはどんなにうまくいっても，一つのステージに 1 カ月はかかると想定しておくとよいでしょう。一般的には，さまざまな環境，あるいはクライアント自身の変化により，このプロセスが少しずつ遅れていくのが普通です。平均すると先に紹介したように第 4 ステージからのリハビリに 1 年以上かかるのが当

たり前だと考えて下さい。

第1ステージ（完全休息モードに入る）

まず，うつを認めることから始めます。うつの苦しさでも紹介しましたが，自分がうつであると認めることが多くのクライアントにとって，とても大きな壁になります。

うつを認めないと，たとえ休職などをしても，結局心が休めていないので，回復が進まないことが多いのです。

クライアントに，きちんと現状と向き合っていただき，まずは，体を「休む」というモードにしていくことから回復過程を始めるのがこの時期です。

またこの時期は，医療や家族などへの不信感に苦しむ時期でもあります。

この時期の主要な苦しさ①：「うつを認め，休養する苦しさ」

元気な時なら，そうかもしれない……と受け入れられる人でも，疲労の2・3段階になるとうつの偏った思考が強くなるので，うつを認められなくなります。うつを認めると，自分は弱い（自信の低下），うつになった自分はみんなの足手まとい（自責）だから，見捨てられる（第3の無力感，不安）と強く感じてしまうからです。

特に，仕事をしている人は，休むということに強く抵抗することがあります。休めないのは，休む行為が四つの痛いところ※を触るからです。結果として，仕事をし続け，疲労を深め，ミスなどでさらに自信を失う悪循環に陥りやすくなります。

うつは，「弱さではなく，単なる疲労である」と理解すると受け入れられやすい方が多いようです。

休むという決意，諦観のようなものが出て，初めて回復が始まります。

うつを認め休むことを認めることの困難さは，人によっては，最後まで続くこともあります。ただ，この時点で完全に自分のうつを認められない方は少なくないので，少し認めて，受診と休養を受け入れるようになれば十分です。

支援のポイント

うつ状態のクライアントに対し，基本の3対処（受診・休養・環境調整）を勧めるカウンセリングの方法と説明方法は『クライシス・カウンセリング』で紹介してあります。

一番のポイントは，休む意味を説明して，受け入れてもらうことです。その際，クライアントの自信や自責，不安に配慮した説明をするべきです。

通常クライアントは，「何か対処をして改善したい」という思い込みにとらわれているので,「何もしないこと」（休息する）ことが重要であることを伝えます。

かなり強烈な思い込みなので，なかなか理解してくれない時にも，決して急いで無理強いをしないようにしてください。本人のできる範囲を探っていく(味方になる)※姿勢が一番です。

クライアントの疑問に応じて説明をしていくのですが，どの説明の場合も，まずは，クライアントの現在地を明らかにする手順が必要です。「経緯表」を活用します。

休み方がわからないというクライアントには，具体的には，とにかく眠ること重視してもらいます。この時期は，規則正しい生活や性格の修正などにこだわる必要はありません。

よくある疑問と対応・説明例

この時期の対応と説明については，『クライシス・カウンセリング』で紹介した説明等が有効です。

■ 自分は精神病になるような人間ではない

「現代人のうつは，感情労働を主体とする疲労によるものが大きい」という疲労仮説説明を参考にしてください。

病気や性格として説明するのではなく，疲労として説明する方法は，クライアントに受け入れられやすいものです。この説明方法は，非常に有効なので，カウンセラーは，少なくとも自分理論にしておくべきです。以下のすべての説明に当てはまりますが，どの説明も，借り物のレベルでは，説得力がありません。

■ そんなにトラブルはなかったのだけどどうして自分はうつになった

3 倍モード※，ライフイベント※，4 つの痛いところ※の説明を参考にしてください。

■ ほかの人は耐えているのに，なぜ自分だけ？

電池モデル（疲労収支）※，相性の悪い出来事※の説明を参考にしてください。

■ **ストレス解消していたのに……**

しがみつき※，相性の悪い出来事※の説明を参考にしてください。

■ **小さいことで疲れ，小さいことでショックを受け，傷ついてしまう**

2・3倍モード※での疲労・ショックの説明を参考にしてください。

■ **つらい時期は（ずっと前に）乗り越えたのに……**

荷卸し※，遅発疲労※の説明を参考にしてください。

■ **直前までは元気でやれていたのに……**

表面飾り※，3段階で急に折れる現象※の説明を参考にしてください。

■ **支援をもらいたくない**

うつは人の支援をもらえというサイン※，の説明を参考にしてください。

この時期の主要な苦しさ②：「医療への不信」

医師に対する過剰な期待があります。魔法を求めてしまうところがあるのです。

医師は，薬などの医療を使って，病気を治すのが仕事です。病気を抱える不安や，自信の低下などの「精神症状」への対応が上手な人ばかりではないのです。

『クライシス・カウンセリング』では，うつのクライアントが裏メッセージを取りやすいことを解説しました。医師の言動を否定的にとらえてしまい，ひそかに傷つき，医療不信を募らせるクライアントは，多いものです。

支援のポイント

医療について，わかりやすく説明し，不安と過剰な期待を修正します。そのうえで，その活用法を具体的に提案します。

医療スタッフやほかのカウンセラーからつらい対応をされていた場合，その苦しさには共感しつつ，あまり彼ら（医療スタッフ等）を非難してはいけません。クライアントの近場，あるいは，過去をよく知っている支援者である場合，クライアントが裏メッセージに受け取ったばかりに，その利便性のある支援を使えないようになってしまう恐れがあるからです。

医師をはじめ，医療スタッフとの付き合い方，コミュニケーションのとり方を具体的に指導，練習します。また，時にはクライアントの了解を得つつ，医師等と直接連携することも有効です。

よくある疑問と対応・説明例

■ 医師は，自分を馬鹿にしている，医師が話を聞いてくれない，医師がアドバイスをくれない

多くのクライアントが医師に対して不満を持っています。それは医師に対する期待の大きさの裏返しと言えます。

医療に対する適切な期待と限界を理解してもらい，そのうえで，医師の立場や視点・関心事項，医師との付き合い方のコツを説明したり，医学用語を一般用語に翻訳したりする支援をします。医師は医療の専門家であり，人生相談や，会社へ圧力をかけてくれる人ではありません。

医師はクライアントについてすべての情報を持っているわけではないので，まずは医師にきちんと自分の状況を伝えることを勧めてください。

特に，症状，薬の効き方，副作用ではないかと思われる症状については積極的に伝えます。環境の中で，何をストレスに感じているかも，端的に伝えます。

一方，生き方についてのアドバイスは，あまりしつこく求めないようにします。医師は時間がないので，カウンセラーのように話の広がりに付き合ってはくれません。治療に役立つ情報が欲しいのです。

カウンセラーは，医師との付き合い方を事前に指導，リハーサルし，受診の後の面接では，医師の言動の真意を説明（解釈）してあげるとよいでしょう。

会社員の場合，主治医と産業医のどちらの意見を聞くかで，悩む方もいらっしゃいます。すべてを医師に依存するのではなく，クライアントが，医師や医療を「活用する」という主体的な態度になるように，カウンセラーが支援していくべきです。そのような方向性が出てくると，どの医師の意見を重視するかの選択ができるようになります。

■ 薬を飲むと一生薬漬け

精神科の薬について，カウンセラーはある程度の知識を持つべきです。決して薬剤師のような専門知識が必要なわけではありません。また医師の処方をチェックするためのものでもありません。

「一生薬漬けになる」「この薬に頼ると自分をコントロールできなくなる」「薬を飲んだが，効き目を感じない。ただ，副作用がつらいだけ」などの，クライアントの不安を減らす説明ができさえすればいいのです。

そのためには，基本的な薬の効き方（効果が出るための期間，効果の感じ方），副作用，減薬の手順などについては知っておくべきです。

また，知識だけでなく，薬を飲むことへの抵抗感を緩めるための，事例や比喩を準備しておくとよいでしょう。

もし，副作用などがひどく，医師に相談してもなかなか改善しないというクライアントの場合には，セカンドオピニオンを求めるように勧めても結構です。

この時期の主要な苦しさ③：「家族・職場への不信」

家族や職場を味方にしないと，うつから脱出するのはかなり難しい作業になります。ところが，うつが悪化する過程で，心配した家族の頻繁なアドバイスを，負担感を感じやすいクライアントが，「監視されている，強要されている」と非常に不快に感じていることがあります。また，疲労の２段階になったクライアントは，イライラを身近な家族や同僚・上司にぶつけてしまい，人間関係を悪化させてしまっていることも少なくありません。

これから，うつのリハビリを進めていくうえで，周囲の理解や援助が得られるかどうかは大きな差になります。できるだけ早く，家族や職場の理解を得られるように，カウンセラーが戦略的視点で，積極的に支援するべきです。

支援のポイント

クライアントが「周囲はわかってくれるべき」と魔法を求めていると，事態はなかなか好転しません。

クライアントの家族や職場に対する嫌悪感，不信感を否定せず共感したうえで，うつのリハビリには，周囲の理解を得ることが必要であることを，説明します。

ただ，それも無理強いしてはいけません。職場や家族の雰囲気や環境をよく聞き，クライアントができる範囲で，そういう周囲にどうすれば理解してもらえるかを考えます。

自分で自分のことを説明しにくい場合が多いので，カウンセラーが周囲の人々への説明をしてあげると，うまくいきやすいでしょう。

また同時に，家族や職場も不安ですし，どう接すればいいかもわかりません。うつの専門家として，クライアントの代弁者として，家族，職場に情報提供をし，パイプ役になることが効果的です。

カウンセラーは，家族や職場の言い分や都合もよく聞き，それをクライアントに伝えることもあります。

この時，家族や職場ができることと，できないことをきちんと整理する必要があります。クライアントに希望は持たせても，過剰な期待を持たせないようにしなければなりません。たとえ，それがクライアントにとって，辛い情報でも隠さないようにします。たとえば，このままだと，妻が耐えられないので，子どもを連れて実家に帰る予定があるとか，退職勧告される規則がある，などのつらい情報は，タイミングを見計らないながら，カウンセラーなどがサポートできる場で，知らせるとよいでしょう。隠しておくと，後で「裏切られた感」が大きくなります。

家族や職場との情報共有のためのミーティングとして，バスケット法があります。

バスケット法

■ 事前面接

まず，クライアントと事前のミーティングをします。

そこでは，職場や親族で自分のことを理解してほしい数名（多くても 10 名以内）の人を挙げてもらいます。本当は，家族や職場全員に理解してほしいのですが，現実的には難しいので，少なくとも自宅療養したり，休職したり，復職する過程で，キーマンになる，援助を求められる，理解がありそうな，人々をクライアントに選んでもらいます（全員に理解を求めるのではなく，本人を取り巻く数人で安全な籠を作ってあげるという意味でバスケット法と呼んでいます）。

その人たちに，クライアントの今の状態，なぜうつになったのか，今の治療などの状況，今後の回復の予想，などを説明するのですが，この説明の内容でよいかを，クライアントと事前に調整します。

■ 周囲への説明

事前面接で選定したメンバーに集まってもらい，クライアントを交えた会合を開きます。

カウンセラーが，クライアントと事前に調整した内容で説明します。

次に，クライアントが，これから休養をとり，皆さんにご迷惑をかける旨の挨拶をします。これまでにトラブルがあった場合，それも謝るチャンスです。

クライアントが，話せない時はカウンセラーが代弁します。

通常，これまでの間に，クライアントがかなりの迷惑をかけていたり，休むことについて強い自責を持っていることが多いので，ここで，謝る場を設けておくのです。

その後，クライアントを外して，周囲の方々の質問を受けます。周囲の人もクライアントがいない場で，カウンセラーから専門的アドバイスを受けることができます。

■ **事後面接**

会合が終わったら，再度クライアントと面談し，クライアントの努力と勇気をたたえ，周囲からは，どのような質問があったか，を伝えます。

よくある疑問と対応・説明例

■ **休職すると，出世コースから外れる。居場所がなくなる**

職場にいる人がよく考える不安です。

会社のことなので，その不安を否定せず，きちんと話を聞きます。「惨事」として体験を詳しく聞く対応します。

そのうえで，「このまま仕事をしていると，自分の評判をもっと落とす。自分のためではなく，チームのために一度引くべき。休憩がとれれば，その後またレースに戻ればいい。どうしてもだめなら，その時にまた別の方向を考えればいい」という流れでの説明が有効な場合が多いようです。

また，そのような復活事例を準備しておくとよいでしょう。うつになった後も活躍している有名人はたくさんいます。ネットなどで調べて，本人と似たような環境の人のことを教えてあげるとよいでしょう。

■ **会社は病気のレッテルを張って自分を辞めさせようとしている，冷遇しようとしている**

これについても，カウンセラーが「そんなことはない」とか，「労働基準法ではこうなっている」と正論で不安を否定しようとするのではなく，まずは，惨事として，その会社の対応や周囲の人のリアクションを細かく聞いてください。

辞めさせられるかどうかを議論するのではなく，その可能性も受け入れながら，もし辞めさせられるとしても，まずはきちんとその後も戦える元気な体を取り戻そう，と説明します。

「辞めさせられるのなら，生きている意味がない，死にます」というクライアントにも，結論を急がせずに，その気持ちを否定せずに聞いていると，落ち着いてくるものです。

とにかく，正論での説得はよくありません。これからつらい道のりを一緒に歩いていくという味方の関係を保持します。

■ どうして家族や職場は，うつの人のことをもっと親身に支援しないのか（魔法を求める）

エネルギーが低下しているうつの方は，自助努力が難しいのです。どうしても「わかってくれるべき存在」と期待している家族や職場には，魔法を求めて過剰な期待をしてしまいます。

ネットなどで，そのような記事があると，自分の家族（職場）は誤っていると怒りがわきます。

カウンセラーは，その気持ちには共感しつつ，うつのリハビリの成否は，他者依存ではなく，他者に理解を求めること，「“わかってくれるはず”でなく，がんばって伝えるのがポイント」「うつを隠すより，わかってもらう努力と勇気」が重要だと，説明します。

ただ，それだと負担感が大きくなるので，すぐ「説明は私が代行してあげる」と伝えます。

第２ステージ（休みの効果を深める）

エネルギーが回復するにつれ，それに応じたリハビリを開始します。とはいえ，エネルギー回復のペースを上回る負荷を与えてしまうと，疲労自体が回復しないので，ペース配分には慎重にならなければなりません。

一旦休むという体になったものを，少しずつ再起動していくのですが，まずは「体から」，「好きなことから」という原則を守って下さい。いずれもエネルギー負荷の少ない課題です。また人に触れるとどうしても，他者に合わせてしまうので，オーバーワークになりやすいのです。この時期は，できるだけ１人で過ごす時間を取りましょう。課題も１人でやれることを選びます。

また，この時の課題には，嫌なことを忘れる，焦りから気をそらすという効果もあります。「何もしない時間」は回復には効果的でも，真面目なクライアントには，大変つらいものです。

課題をこなしつつ，今までの「頑張る，無理をする」という癖の改善の練習もします。調子の悪いときは，課題を休む，中断するということです。中断できたら，カウンセラーは称賛します。

具体的なメニューは，クライアントと相談しますが，人気があるのが，散歩，ヨガ，ピラティス，呼吸法です。マインドフルネスも有効です。

また，その日の睡眠時間，疲労感，食欲などの体調を点数化して記録したり，その日にあった出来事を記録しながら，自分の体調管理をしていきます。アプリなどを活用するとよいでしょう。

（参考文献：「うつからの脱出」日本評論社，2004）

この時期の主要な苦しさ：再び「休めない」

本格的な休養が進むにつれ，じっとしている時間自体が，焦りや不安，自責，無力感にさいなまれる原因になってしまうことがあります。

まだまだ，「休むこと」に慣れていないのです。「努力することへのしがみつき」から脱出できていないと言い換えることもできます。

また，休み方の方法自体がわからないという人も少なくありません。楽しいことをしてと言われても，今まで楽しいことをあまり意識したことがないのでわからないというのです。今までは，「こうするべき」の方が大きく，自分の感覚を大切にしていなかったからです。

支援のポイント

いきなり，思考や価値観を変えようとするのではなく，徐々に徐々に変わっていくのを待つ，という感覚で支援します。

認知行動療法のように，その思考を持っているから駄目だ，というアプローチをとると，この時点では，ただ責められ，無力な自分を感じるだけです。

具体的には，（今の段階で）できることを探していきます。

まずは，日課時限を一緒に考えます。何も予定がないと，「何をするか」から考えなければならないため，より億劫感が増してしまいます。とりあえずの日課と，それにはめ込むメニューをいくつか持っておき，それをその日の調子で試してみる，「今日の気分に合わなければ，嫌な感じが大きければやめる」という訓練です。

「合わなければやめる」は，思考の癖を修正する課題ですが，そこまでを訓練としていた方が，やらない言い訳ができ，本人の負担が少なくて済みます。

よくある疑問と対応・説明例

■ こんなことをしていてうつが治るのか，何か努力しないとダメなのではないか

今は，第 2・3 段階の疲労状態なので，とにかく休息を重視すること。そのためには，「成長のための課題ではなく」「気分を紛らわせる課題」で時間を過ごすこと，を説明します。

骨折の比喩（骨折をし，今痛くないからといって筋トレを開始したらどうなる？）などを使います。

この時期のほかのクライアントも同じ苦痛があったが，それをどのような工夫をして乗り越えたかという事例を話します。

■ 何をすればいいかわからない，

これも，何か前向きなことをしたいという思いからきています。あまり考えこまないように，日課時限を作ります。

また，この疑問が出るたびに，こうなったのは疲労が原因であり，今の状態では，やる気や興味がわかないのが正解であること，第 1 段階まで上がるとやる気が出てくること，を事例などで説明します。

もし，この二つの思いが強くて，何か努力系のことをやり始めていたら，それを頭から否定することなく，しばらく様子を見ます。うまくいくかもしれません。

うまくいかなかったら，やはり疲労が深まってしまう対処だったことがわかってよかったと，位置付けます。決してカウンセラーが強くダメ出しをしてはいけません。

第 3 ステージ（社会復帰のための準備）

第 2 ステージの課題を続けつつ，徐々に人に触れること，少し頭を使うこと，少し嫌なことにもチャレンジしてみます。エネルギーの回復を進めつつ，思考の偏りや記憶のトラブルを緩めるための課題です。

ここでも，自分の調子を見て，中断するということを重視します。つらいことを乗り越えようとする心の癖が，強く出やすい時期だからです。

通常，会社員などは，このあたりから職場復帰訓練が始まります。

慣れた単純な仕事，責任やプレッシャーのない仕事をしながら，徐々に就業時間を伸ばしていきます。

かなり，明確なストレスを感じ始めるので，本人なりのストレス解消法が多くなります。しがみつき※が復活することもありますし，表面飾り※で自分の体調がわかりにくくなることもあります。

周囲の人の理解がとても重要な時期です。ここでもう一度バスケット法（135ページ）を開くと効果的です。

この時期の主要な苦しさ：「復職への恐怖」

順調に回復していても，いざ社会復帰となると，急にさまざまなことが怖くなることがあります。思考の偏りと記憶のトラブルのせいです。

一般の人は，「これまでただ休んでいただけだから楽だったろう」とか，「久々に勤務するから，エンジンをかける苦しさがあるだけ」と考えますが，そうではありません。

うつは，四つの思考の偏りがある病気です。

休んだことが，一般社会や周囲の人にどのように受け止められているのか，自分は無能で責任感のない人間だと思われているのではないか（無力，自責），以前と同じ仕事が果たして今の自分に務まるのだろうか（不安，負担）という心労が一気に大きくなっているのです。

また，記憶のトラブルもあります。大変つらい思いをしながら頑張ったその職場，その仕事，その上司，同僚ともう一度接すると思うだけで，とても大きな恐怖や不安・負担感を感じ，それを抑えながら，出勤してくるのです。

支援のポイント

まず，会社などで提示される復職プランを「実行計画」ととらえないことが大切です。復職プランをきちんとこなさないと，ダメな社員と思われる，退職させられるなどと考えがちで，それだけで疲れてしまいますし，実際に復職準備が始まってからも，計画のペースを維持できない場合，不必要に落ち込んでしまいます。

これまで，トレーニングしてきた「体調を見て中断し，修正する」スタイルを維持してもらいます。

また，職場などに出ると，どうしても気合が入ります。それは心地よいので，一瞬「もう治った，やはり自分はうつではなかった」と感じることも少なくありません。ただ残念ながらそれは通常長続きせず，期待した分一層大きな落ち込みがやってきます。それも，よくあるパターンだと，カウンセラーは落ち着いて支えます。

また職場などでは，職場復帰訓練を始める前に，またバスケット法をやると効果的です。休職前は，うつになった経緯，これからの回復予想を中心に説明しましたが，この時期は，いよいよ今の回復の現状（症状），復職にあたる本人の気持ち，職場でできること，できないこと，してほしいこと，してほしくないことなどを説明します。ここでも，うつを隠すよりわかってもらう工夫と勇気が必要になってきます。

よくある疑問と対応・説明例

■ どうして職場や人が怖いのか，自分は弱い

落ち込み期の時，うつの２倍～３倍モード※で必死によく頑張ったのは素晴らしかったが，その結果，２倍３倍の傷つき体験をした。その恐怖の場所，人，仕事に再び接するのだから，恐怖を感じたり，緊張したりするのは当然。また，そのことでとても疲労してしまうのも当然。

ただ，恐怖は慣れによって低下する。しばらくはつらいが，徐々に慣れてくると説明します。

■ こんなことでは，会社など行けない

初めはつらいが，徐々に慣れていく。記憶のトラブルは回数で徐々に薄まるという理屈を説明し，事例を示します。

■ 人と会うとどう接すればいいかわからない

人に会った時，どう接すればいいか，具体的にシミュレーションをしておきます。

例：「久しぶりだね。どうしてた？」に対しては，「ちょっと，体調を崩して休んでいました。でも，今ぼちぼち復活中です。」と答える。

それ以上聞かれたら，「ごめんなさい。まだ，いろいろ緊張しちゃうんで，うまく話せないんです。トイレに行ってきます」とその場から離れる，など。

■ どうしても頑張りすぎてしまう，みんなが頑張っているのに自分だけ楽はできない。

自分のために休むのではなく，誰かのためにエネルギーを取っておく。

どれぐらい予備を取るかというと，３分の１。

もし自分の充電度が 10 のうち６なら，その３分の１に当たる２は予備にし

ておく。つまり仕事は4だけにとどめておく。予備は自分のためでなく，災害や他者のピンチに対して対応できるための余力，という説明をする。

第４ステージ（社会復帰とその直後）

会社員なら職場復帰，主婦なら再び家事などを担い始める段階です。

この時点では，エネルギーは1段階まで回復していても，記憶と思考の癖，自信の回復度は2段階です。かなり傷つきやすい中での，人・場所・仕事への接触になります。

本人は無理をしがちで，その後に大きな落ち込みが来ることが多い時期です。

さまざまなストレス対処法を模索しながら，リハビリを進めます。この時に効果のあったストレス対処法が，元気になってからのうつ予防の武器になります。

職場復帰は，通常徐々に負荷を増やしながら進めていきます。

厚生労働省の指針には，就業上の配慮の例として，

- 短時間勤務
- 軽作業や定型業務への従事
- 残業，深夜業務の禁止
- 出張制限
- 交替勤務制限
- 危険作業，運転業務，高所作業
- 窓口業務，苦情処理業務などの制限
- フレックスタイム制度の制限または適用
- 転勤についての配慮など

などが記載されています。そのほかにも，

- 宴会にはしばらく誘わない
- 苦手な人との接触は避ける
- 苦手な仕事，責任のある仕事は避ける
- チームでの活動も慎重に（気楽な面もあるが，自分のペースを乱される。）
- 配置転換，転勤，昇進などにも慎重な配慮をする

などに気をつけます。

この時期の主要な苦しさ：「職場復帰後数カ月後の落ち込み」

職場復帰後しばらくは順調でも１～２カ月後に調子を崩すことが多く，それで，さらに自信を失い，自分を責め，不安になります。

通常，単に疲労を知覚できずオーバーワークになっているだけのことなので，丁寧に説明し，休息をとってもらいます。周囲も動揺していることが多いので，周囲への説明も重要です。

支援のポイント

まず，復帰後しばらくしてから落ち込むのは，社会復帰のよくあるパターンだと説明します。

実際の活動と知覚される疲労のギャップ（表面飾り）について説明します。

経緯表等を用い，今回の落ち込みの理由と継続時間を予測してあげます。

具体的な対処方法（休みや仕事の軽減）などを協議し，職場などに求めます。

本人と一緒に現実的なストレス対処法をリストアップしていきます。

バスケット法のような，本人と職場・家族との情報共有やカウンセラーからのアドバイスが効果的な時期でもあります。

よくある疑問と対応・説明例

■ 悪夢を見る

職場復帰が近くなるころ，悪夢を見るクライアントが多いようです。

内容を聞くと，多くの場合，職場やうつになった当初のことがテーマです。

夢はリハーサルだと説明してください。いよいよ元気になって，社会復帰する時，「以前こんなつらいことがあったから気をつけろよ」という無意識からの注意喚起です。

リハビリ期の一つのパターンであることと，悪夢は通常，職場復帰して「現実」に触れたら，見なくなるということを説明してあげて下さい。

あまりにもそれが続いて苦しい場合，医師に相談して睡眠を改善します。

■ 順調に回復してきていたのに，やっぱり無理なんだ……（図 11-10）

職場復帰の際は，エネルギーが２段階から１段階下。記憶と思考の偏りは２段階，自信は２段階下が一般的です。

その中で，自然と入る気合でしばらくは職場に適合します。職場復帰計画に従って，時間や仕事の強度を段階的に増やしていたのに，ある時，急に落ち込

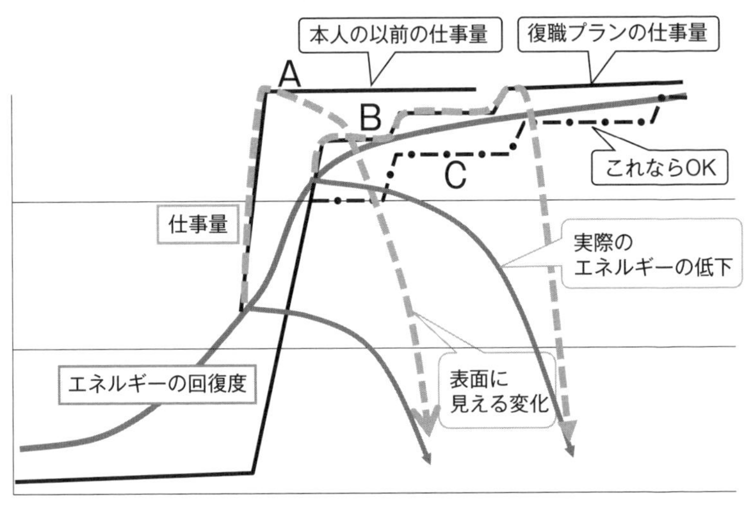

図 11-10　職場復帰後が大変

んでしまうことがあります。

そのような場合は図で説明します。

復職の焦り強い人は，エネルギーがまだ2段階中ぐらいの時に，復職してしまいます。しかも，いきなりその人の以前の仕事量をこなしてしまいがちです（Aのケース）。2段階なので，表面飾りによって，しばらくはパフォーマンスを上げることができますが，細線で示してあるように，職場復帰の段階からエネルギーは低下しており，3段階に低下したら，もう表面飾りもできないため，パフォーマンスが急に落ち込んでしまうのです（点線）。

これに対しBのケースでは，きちんと復職プランに従い徐々に仕事量を増やしていきます。ただ，この場合でも，実際のエネルギーレベルより高い活動をしているので，徐々に疲労が蓄積していきます（細線）。プランに従い，作業強度を少し上げ，それもこなして順調だ……と思ったころに，エネルギーが3段階に落ちてしまい，急に落ち込むのです。これが復職後1～2カ月で落ちてしまう一般的なパターンです。

復職がうまくいくのは，1点鎖線で示したCのケースです。徐々に負荷を上げていきますが，すべてその時のエネルギー内の負荷なので，疲労が蓄積しません。

ただこれは，あくまで結果論なのです。エネルギーレベルは正確に測れないし，仕事量も本人の取り組み次第という面もあるからです。

ですから，職場復帰後の落ち込みは，データが取れたと考えてください。次に生かせばいいのです。とはいえ，一時的に3段階まで落ちているので，できれば1週間ほどしっかり休むとよいでしょう。

■ 今度休むと完全に信頼を失う

職場復帰中の不調は，基本線がかなり上がっていることが多いので，1週間ほどの休養で，復活できることが多いのです。ところが，この1週間の休みに強く抵抗するクライアントもいます。せっかく復職したのに，また一週間休むと，今度こそ辞めさせられる，もう休暇がない，今度こそダメ人間のレッテルを張られる，と考えてしまうようです。

経済的な問題もあるでしょうが，ここは無給でも休みをとって仕切り直しをしたいところです。

会社の制度などをよく調べて，休んでも問題ないということを説明してあげてください。

第5ステージ（活動しながらのリハビリ）

徐々に社会復帰の環境に慣れてきていますが，まだ，うつへの恐怖が強く残っている時期で，周囲と本人のギャップが大きくなる時期です。

周囲から見たら，だいぶ回復しているように思えますが，本人は，傷つきやすさが残っているため，人知れずうつの波に翻弄されながら，表面を飾って頑張っています。

うつの中波が来るたびに，「治らない妄想」「戻ってしまうのではないか妄想」との戦いが続きます。

好きな仕事，得意な仕事，慣れた仕事で，徐々に勢いをつけますが，オーバーワークには，常に細心の注意を払わなければなりません。

そうやって，仕事や人間関係を何とかこなす日々を重ねて，記憶・思考の偏りと自信の回復が徐々に進みますが，この段階は，長引きやすい傾向があります。半年ほど続くことも稀ではありません。

長引くと，疲れてくるので，悪い波の時に，回復のための努力を放棄したくなることがあります。死にたい気持ちも徐々に減ってきてはいますが，まだ時々現れてきます。

うつの本当のつらさは，一見穏やかなこの時期にあるのかもしれません。

この時期の主要な苦しさ：「しつこく強力な焦り」

この時期は，以前に比べ苦しみ（深さ，長さ，頻度）は低下してきたものの，なかなか回復を実感できず，うつの苦しみで紹介したつらさを鈍痛のように感じながら，生活しなければならない時期です。また，焦りと実社会での緊張が重なり，波が大きくなりがちです。落ちる時の波は，以前のうつとまったく同じものなのですが，元気な状態からの落差があるので，よりひどく感じられてしまいます。

「治らない妄想」「戻ってしまうのではないか妄想」をはじめとした当事者のうつのつらさが募り，早くここから脱出したいという焦りが大変強くなる時期です。

支援のポイント

以前から取っているデータを活用します。本人は，あまり回復を感じていなくても，1，2ステージと比べたら，かなりデータが改善していることが多いのです。

このステージは，カウンセリングのたびに，長期的視野での回復を意識させ続けなければなりません。

また，そのたびに経緯表を描いて，今回の落ち込みの原因を分析し，対処法を考察し，戦いを続けていく意欲を喚起します。

よくある疑問と対応・説明例

■ やはり治らない

データで振り返るようにします。特に死にたい気持ちが消えないと落ち込みますが，死にたい気持ちも，「強度」と「頻度」と「1回の長さ」で記録しておくと，その変化を感じることができます。

ここでも，このステージの長さを事例などで説明します。

参考：「うつからの完全脱出」（講談社，2006）では，J君のケースとしてこの時期を1年間過ごした事例を紹介しています。

■ なぜ今回の落ち込みが来たのかわからない

経緯表を作りながら，今回の落ち込みの要因を考察します。その際は，

- うつの大波，中波，小波の自然発生的なもの
- 季節の変わり目などの環境ストレス
- 人間関係ストレス

- うつと相性の悪い出来事，支援者の喪失などのイベント
- しがみつき
- エネルギー・記憶と性格・自信の３つの要素の回復度

などの視点から今回の落ち込みを分析し，対策を練ります。

原因がわかると，その波の継続時間，回復までの道のり，対処法がイメージできます。

■ 休んでいるだけではダメなのではないか，逃げているだけではないか？

休むことの意義について，なんとなくわかりかけている一方，休むことに飽きてきて，回復しないのは，休むだけではダメなのではないかという，本来の「頑張り癖」が出始める時期です。

カウンセラーに隠れて，何らかの活動をしていることが多いので，悪い波が大きくなります。その時に，先に紹介した経緯表で分析し，対処法がマイナス効果になっていること，結局，休むことが一番効果があることを理解してもらいます。

その場合も，結局味方の関係が継続していないと，隠れた活動を打ち明けてもらえません。過剰な活動を，カウンセラーが，クライアントの苦しさのせいときちんと受け取り，過去を責めない態度をとり続けることが重要です。

■ 重要なイベントに備えたのに，ダメだった

何らかの仕事を任されることが増えてきます。本人が，これは大切と思うイベントなのに，その直前に波が来てしまうことがあります。

本人は，無意識に逃げてしまった，ダメな自分，みんなを裏切り，信用を失った……と落ち込みます。

これも，実はよくあるパターンなのです。

大事なイベントであればあるほど，本人は気をつけて体調管理し，万全を期しますが，結局その万全を期す作業で疲れてしまうのです。もちろん記憶や自信低下がブレーキをかけている場合もあるでしょうが，基本は「エネルギーの使い過ぎ」で説明します。表と裏の３段階で，裏が遅れて表れる遅発疲労※の説明を応用します。

そして，中断，つまりその仕事を放棄できたことを称賛します。

そのように，一度挫折があった後もリハビリを続け，最終的にはきちんとした仕事ができているという事例を紹介します。

■楽しくない，頭が働かない，以前と同じ仕事なのにできない。以前より弱くなった感じがする。

3・4ステージに比べて回復を感じないので，自分が今どこのレベルにいるのか，もしかしてこれ以上，元気な状態には戻らないのかなどと，不安になります。

経緯表を使って，現在の症状や反応，傷つきやすさなどを総合的に判断し，今の疲労レベルを提示してあげます。

通常，疲労の2段階上ぐらいだと，まだ以前のようなパフォーマンスは発揮できません。周囲に気をつかいながら，警戒しながらの活動なので，何かに集中してパフォーマンスを上げることができない状態なのだと説明します。

また，うつの落ち込み期は，うつの症状がすべて出ていない状態で，勤務をしていました。疲労の3段階になった時点ですべての思考の偏りが強くなり，今は警戒心も感受性も強くなった状態で，再び社会に立っているのです。以前より，「弱い」感じがしても，無理はありません。

もう少し今の状態を維持できれば，記憶や警戒も治まり自信も次第に回復して，以前のように仕事もできるようになるということを社会復帰の6ステージの図（133ページ）で説明します。

■変化と刺激と快感を求めるが，成果を得られない

何らかの変化を求めて，自分を鍛える系か（資格試験，自己啓発セミナー，修行），楽しむ系の行動（旅行，友人との交流，ジム）をとることがあります。通常はうまくいきません。疲労収支が崩れるからです。

また，新たな療法や性格改善，宗教などにチャレンジする人もいます。

これも，多くの場合過剰な負荷とそれに応じた成果が表れないので，結局落ち込む原因になります。

この場合も，終わった後，経緯表で振り返って，「いい勉強をした」というとらえ方をします。

第6ステージ（リハビリの完成）

いよいよ本人らしいパフォーマンスや，おおらかさが戻ってきます。

また，この時期に，過去のトラウマのような体験がカウンセリングのテーマになってくることがあります。過去を取り扱えるだけの体力が回復してきたということです。

カウンセリングや心理療法が大変効果的な時期です。

認知行動療法も，この段階で行うと，大変効率的に学習が進みます。それは，本人の自信にもなります。

また，いろんな波があっても，何とかパフォーマンスを維持できるという体験を通じて，うつで失った自信が回復し，この経験を生かして，いよいよ次はどうする，という前向きな発想が生まれてきます。

それでも波はあり，また社会で受ける刺激も大きいので，ふいに強いうつの波が襲ってくることがあります。

このうつの波は，強度こそ以前のうつがひどかった時と同じぐらいですが，短期間で収まります。

この時期の主要な苦しさ：生きがい問題と「治りかけの自殺衝動の嵐」

リハビリ回復の三要素のうち，記憶と自信を回復するのがこのステージです。

エネルギーが復活し，いよいよ過去の問題や，今後の人生について考えられるようになった，とも言えますが，相変わらず悪い波の時は，3段階まで落ちますので，内容は変わってきていても本人の苦しみの大きさは，変わりません。

生きがいや，自分の居場所，今後の人生の意味などを考えてしまいますが，何しろまだ自信回復の途中なので，思い描く未来が暗いイメージになり，落ち込みます。

また，うつになる前からずっと引きずっていた問題や，うつで苦しかった時に3倍モードで戦ってきた，仕事，人間関係，職場（場所）などに，いよいよ戻りつつある今，これまでのことを一気に片をつけたい，という思いが強くなります。

ただ，やみくもにその作業に取り組むと，傷つき体験を大きくしたりエネルギーを消耗して，うつの回復を遅らせてしまうことにもなりかねません。

また，何の前触れもなく，強い自殺衝動が生じ，しばらくの間それが続くことがあります。周囲も本人も，かなり元気になり，うつであったことを忘れる時間も多くなったころのことなので，本人も周囲も大変狼狽します。

対応のポイント

生きがいを感じられないという問題については，基本はこの時期特有の症状であると説明し，よく話は聞くけれども，それについて深く討議したり考えさせたりはしません。禅問答のようになりがちですし，セラピー的に話をしても，まだ，うつの思考の後遺症が残っているので，元気な人のようによい発想が浮かびにくいからです。うつが抜ければ，生きがい云々は気にならなくなるのがほとんどです。

過去のトラウマについては，少し扱うこともあります。話をすること，その場所に行くこと，人に触れることなどにより，「慣れ」を生じさせるのが目的です。その慣れが自信につながっていきます。

自殺衝動の嵐が訪れるケースは，感覚として３人に一人ぐらいです。それほど多くはありません。

実際は，その波は短期間で過ぎるのですが，直前の比較的元気な状態からの落差が激しいため，かなり本人も周囲も動揺します。カウンセラーが落ち着いて対処することが，一番の支えになります。強度は大きいものの，頻度と継続時間が短くなっていることを指摘してあげてください。過去との比較が有効です。これまでと同様，刺激から離れ，休息し，気を紛らわせるストレス対処法で乗り越えます。

生きる意味問題，過去の問題の整理，自殺衝動の嵐は，すべてのクライアントが経験するものではありませんが，これの苦しみが生じた時も，これはカウンセラーとしては，織り込み済みの症状の一つであり，よくなるプロセスであると説明してあげます。

よくある疑問と対応・説明例

■生きている意味を感じない，人生が面白くない

不安や自責，自信の低下はある程度ゆるんで来るのですが，やる気と興味は最後まで回復しません。

やる気と興味が回復すると，活動が本格的になるので，体が最終ブレーキとして，その二つを最後まで保留しているのだ，と説明します。

生きていることが，楽しくもなく，意義も感じられないので，何のために生きているのだろう，自分の居場所はどこにあるのだろうと感じ始めます。

普通のアイデンティティの悩みのように聞こえますが，それにうつの悪い波が重なると，「生きていても仕方ない」と，発展しがちな問題なのです。

同じ死にたい気持ちでも，以前は，「自分がいると迷惑になる」「死んで思い知らせてやりたい」「つらいのを終わりにしたい」という切羽詰まった動機だったのですが，少し薄い感じの動機になっています。だからといって，安心してはいけません。

自殺未遂した後などに，周囲に「生きる意味がない」などと話すと，周囲は，必死に生きる意味を感じさせるように，いろいろと説得を試みますが，変われM※となり，クライアントを苦しめるだけです。

この時期の生きる意味問答には，まず，死にたい気持ちが隠れていることを意識しつつ，味方になる傾聴を丁寧に行います。安易なアドバイスや討議はいけません。まずは聞くことに徹します。

そのうえで，事例などを活用しつつ，「そのテーマは回復しているクライアントがよく訴える。そのテーマが出てきたことは，順調な回復のプロセスが進んでいると理解してほしい。ただ，内容は保留することにしている。というのも，今考えてもあまりいいアイディアが浮かびにくいし，もっと元気になれば，そのことがあまり気にならなくなるから」と説明します。実際，「以前からそのことを考えていた？」と聞くと，「元気な時は，あまり考えてはいませんでした」と答える人がほとんどです。

■ このトラウマを克服しない限り安定した生活に戻れない

生きがいなど未来のことを考えられるようになると同時に，過去のことについても，正面から取り組むエネルギーが回復してきます。

過去の話が出てきたら，まずそのことを指摘してあげます。

次に，過去の問題は，「変えられることと変えられないこと」を区分することをアドバイスします。

過去の事実や相手や場所は変えられません。ところが，自分の恐怖は薄くすることができるのです。理屈でこねくり回すのは，生きがい論争と同じように，この時期には，あまり効果がありません。

あまり考えず，「慣れていく」戦略を提案します。話題にすること，実際に会ったり訪れたりすることで慣れが進みます。しかし，同時に痛みも伴うのでバランスが必要です。

慣れていけば，不安や恐怖や嫌悪感が徐々に小さくなりますが，ゼロにはなりません。ゼロにすることを目標にしてはいけません。

そうやって慣れていって，日常生活をしていけた事例を紹介します。

■ まだ自殺したい，やはり治らない

この時期の自殺衝動の嵐は，社会に出ているのでショックを受けやすく，高いエネルギーレベルからの落ち込みなので，行動に移したくなる動機としては，

むしろ大きくなることもあるのです。ただ，以前に比べて死にたい気持ちの継続時間と頻度は減ってきているはずです。

治りかけのうつの波は，よくあることだと説明します。事例が効果的です。この嵐はつらいけれど短い，ということを強調してください。

対処方法は，これまでと同じ，これまでうつの悪い波が来た時にどう対処していたかを思い出し，それをまた愚直に繰り返します。

休める場合は，休ませてください。3日ほどの休養でもかなりの効果が期待できます。

この時,「治ったと思ったけれど,本当は,死にたい気持ちはいつもあった（消えてはいなかった），自分の本来の性格だからそれがなくなることはない」と訴えるケースもよくあります。

うつの波の時は，ネガティブな視点で過去を見るので，「いつも同じだった」という言葉が出やすいのです。

この時も，それを否定せず，きちんと一旦受け止めてから，相手が受け入れる範囲で，よくなってきているという現実を少しずつ説明していきます。

ここでも，この嵐を経験し乗り越えた事例を紹介するのが有効です。

リハビリ支援で重要な３つのケア（特に自信のケア）

リハビリは，エネルギーの回復，記憶・思考の偏りの回復，自信の回復の3要素の回復からなります。

どれも重要ですが，見逃されがちなのが，記憶と自信の回復です。

エネルギーの回復は，目に見えるので，本人も周囲も気をつけられます。思考の偏りは，周囲が気がつきやすいものです。医師や心理職も，この二つには注意を向けます。

ところが，記憶と自信は，目立たないので配慮なくリハビリが進むことがあります。

記憶というと，過去の虐待などの古い記憶を思い浮かべると思いますが，リハビリで特に丁寧に扱いたいのが,「今回のうつの体験の記憶」なのです。うつでつらい時は，感情が敏感になり，記憶が亢進されます。日々のつらい体験が小さなトラウマのようになっているのです。

また，自分がこのうつという体験をどのように位置付けているかも記憶されます。そしてそれが自信の低下にかかわってきます。

「弱い自分がうつになった，逃げているうちに何とか回復した」という体験なのか，「うつは病気であり，医師に助けてもらって，回復した」という体験なのか，あるいは，「うつは疲労であり，自分で疲労をコントロールして回復した」という体験なのかで，今後のストレスへの恐怖心が変わります。

弱い自分は，一生逃げて生活しなければなりません。病気でうつになった自分は，どう予防すればいいかわからず，医師に助けてもらわなければ，生きていけません。

それに対して，疲労コントロールさえすれば，うつを予防し，うつになっても回復できると感じる人は，今後もストレスに対して，恐れすぎず，侮らず対応できます。これをレジリエンスというのです。

本書の対応は，常にこの自信と記憶のケアを念頭に置いてあります。

今回のうつ体験をどう意義付けるか，カウンセラーが果たす役割はとても大きいのです。

長引いているときの対応

長引いているうつも，基本的にはこれまでと同じ対応をします。休んでいるようで，結局，きちんと休養をとれておらず，ずっと２段階に留まっている方が多いのです。再度，きちんと休養から始めれば，うつから抜け出せることも少なくありません。

ところが，長引いていると，その状態に体も慣れてしまうので，単回のうつより確かに，工夫が必要になります。

そんな時こそ，パターン的な対応でなく，戦略的支援が必要になります。

まず，変えられること，変えられないことをきちんと意識するとよいと思います。変えられないというわけではないですが，変えにくいもの，変えやすいものは確かに存在します。

たとえば，数年以上２段階で苦しみながら，仕事を続けている人が，ようやく休職などを考え始めたとします。

カウンセラーとしては，少なくも数カ月単位でしっかり休息してもらうことを考えます。ところが，そのような方は，休むことがとても苦痛に感じ，抵抗する場合が少なくないのです。

頑張って仕事をしていた時，少し休むと，体が緩み逆に身体的な苦痛を大きく感じたり，休んでいる自分に不安と自責が大きくなるという体験をしていることが多いのです。その方は「休むことはつらい」という学習をしています。

また，人は苦しくてもその状態に慣れてしまいます。飢餓状態の人に，お腹がすいているからと急に食事をさせたら，死んでしまう可能性もあるのです。

ですから，2段階で粘り続けていた人に，休養を勧める時は，一気に完全休養というのではなく，徐々に活動量を減らしていくなどの工夫と配慮が必要になります。

治療を受けた後，なかなか回復しきらないのは，通常は焦りが原因ですが，運命の波なども関連するので，そのクライアントだけのせいではありません。

しかしいずれにしても，うつのリハビリが長引き5年も経つと，「ダメな自分」で過ごす時間が長くなっているので，自信がかなり低下しています。リハビリをし直しても，簡単には自信が戻りません。

また，たとえば10年うつを患うと，その分年齢を重ねてしまいます。年をとるに従い，行動力は低下し，疲れやすくもなります。環境の変化への対応力も低下します。一方，価値観の変更は難しくなります。

長引いているうつに対するカウンセリングでは，カウンセリング目標，クライアント目標の置き方が重要になってきます。

もちろん以前と同じように元気になるというところを当初のカウンセリング目標に置きますが，10年患っているケースでは，10年分の体力の低下を織り込んだ状態をゴールとしてイメージしなければなりません。

また，その中でもう一度年単位の社会復帰プロセスを進んでいくのですが，クライアントが当初イメージしていた回復のゴールになかなかたどり着けそうもないケースもあります。当初持っていたスキルが社会で通用しなくなる，支援者（たとえば親）の状態が悪くなり社会復帰を支援してもらえなくなる，経済的な理由で，中途半端な状態でも働かざるを得ない……などの変化が生じた場合です。

このように変化の中で，うつからの回復の目標（カウンセリング目標）やクライアント目標をどう修正して，クライアントの意欲をキープしていけるかが，カウンセラーの実力の見せ所になってきます。

職場への復職でなく，一旦本格的に長期休養するために，退職し，その後に，違う道（たとえば，ほかの業種への就職，独立，実家に帰る）に進まざるを得ないなどのクライアントにとってつらくても避けられない人生の選択が予測されるなら，必要とされるかぎりそれにおつき合いするのがカウンセラーの役割だと思います。

この際も，単にうつを支援するのではなく，その人がプライドある人生を進めるような支援，つまり自信を補強する支援を重視します。

参考：「今度こそ，うつから抜け出す本」（大和出版　2010）

④　周囲の人の支え方

周囲の人が理解してくれるかどうかは，うつの回復に大きな影響があります。カウンセラーは，戦略的に，周囲の人の理解を得られるように努力するべきです。

周囲の人が陥りやすい思考と態度

つい励ましてしまう

うつは，励ましてはいけないとわかっていても，その人を大切に思えば思うほど，苦しみから早く抜け出してほしいとの思いから，自分の考える解決法などを伝えたくなります。

普通ならありがたいアドバイスも，うつの思考の偏りやエネルギーが低い状態では，それが「できない」ことで，自己嫌悪（自信低下）や申し訳なさ（自責），頑張らなければ……という負担感，もしだめなら見捨てられるという不安などを強く刺激して，逆に苦しめてしまうということは，これまでも何度か説明してきました。

周囲の方に理解してほしいことがいくつかあります。

一つは，「程度」の差です。

私たちは生きているうちに，何らかの苦しさを経験し，それを乗り越える体験もしています。その感覚で，うつの人を支援してしまうのです。イメージする苦しさの程度が違いすぎるのです。

本書では3倍モード※という比喩を紹介しましたが，元気な人の8時間労働が，うつの時は24時間休みなく働くつらさに感じられるのです。

うつの人に，元気な人が言う「こうしたら？」というアドバイスは，マラソンを走り切って倒れこんで，酸素吸入をしている人に，「30km地点でスピードが落ちた。あそこででもっと腕を振ればよかった。さぁ，もう一度走ってみよう」と言っているようなものです。正論でも，それを受け入れられる状態でないということを理解してください。

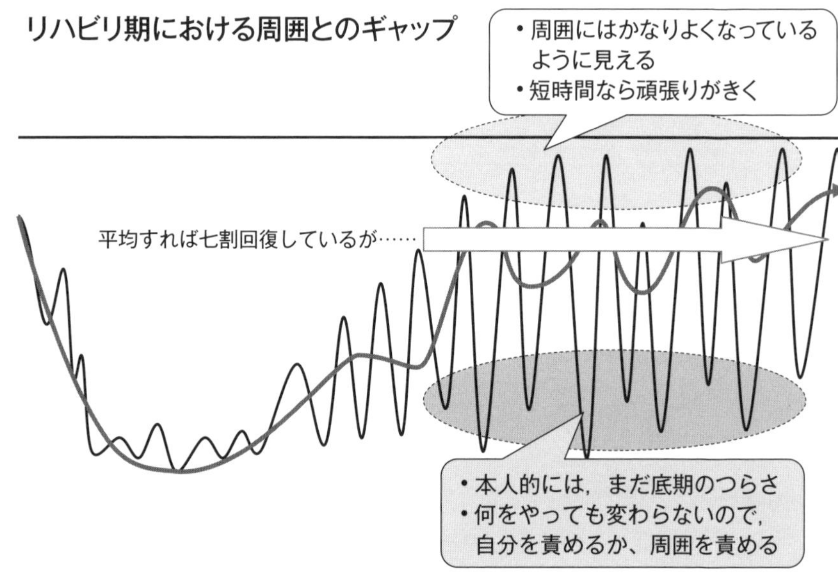

図 11-11　リハビリ期における周囲とのギャップ

もう治っているように感じる

程度の誤解を助長するのが，うつの人のつらさが，周囲には見えにくいということです。体のけがでギプスをしている人に，重いものを持て，筋トレをしろと言う人はいません。でも，うつの人には同じようなプレッシャーをかけてしまうのは，うつの心のギプスが見えないからです。

本人の苦しい状態をわかりにくくしている原因には，波の存在，表面飾り，楽しいことからできてくる，以前との比較（悪かった時よりだいぶよい，本来の彼はこれぐらい朝飯前だ）……などがあります。

図 11-11 で示したように，うつはそのものに波があり，回復の時も，最後まで落ち込みの波が残ります。その時本人は，これまでと変わらない死にたいほどのつらさを感じている状態なのですが，波の中心はかなり上に回復していますし，継続時間も短いのです。周囲は気がつかないこともあるでしょう。また元気な時は，笑顔も出て仕事もできるようになってきています。特に職場など人前に出ると，私たちは無意識のうちに気合が入るものです（表面飾り）。つまりアドレナリンなどの影響で，苦しさを一時的に感じなくて済む状態です。

しかし多くの場合，そこでオーバーワークになり，その後落ち込みます。家に帰ってから，死にたい気持ちと闘うリハビリ期の方は多いものです。

さらに，リハビリ期では，徐々に活動を再開しますが，この時まず慣れたこと，楽しいこと，負担の少ない人との交流ができるようになります。要は，エネルギーをあまり使わないもの，刺激や我慢の少ないものからできるようになるという自然なことなのですが，一般の人から見ると，「あいつは，自分の好きなことはやれても，みんなが嫌がることは上手に避けている。病気を利用している」と見えることがあります。

リハビリ期の適正な回復過程だと判断してください。

また，以前の当事者を知っている人は，本人が少し元気になってきた時，「本来の彼なら，これぐらい言ってもいい，これぐらい何ともなくこなせる」という対応をしてしまいがちです。

『クライシス・カウンセリング』でもお伝えしましたが，うつ状態は別人化※するものなのです。治りつつあるとはいえ，まだまだ別人のように傷つきやすいのです。以前の本人の明るさや，タフネスさをあまり基準にしてはいけません。

復職してくる時，一見元気そうに見えても，基本は，表面飾り※をした2段階を想定してください。

骨折に例えると復帰訓練は，ギプスをしたまま。職場復帰の段階で初めてギプスが取れた状態。まだまだ，筋肉はやせ細り，重いものは持てません。元気そうに見えるからと，いきなり普通の人の仕事を与えると，やせた腕で2倍の重い荷物を抱えるようなものなので，すぐに疲弊して，うつに戻ってしまいかねないのです。

普通の人の3分の1から，2分の1の負荷から始め，数カ月かけて，徐々に慣らしていきます。骨折が治って一軍に復帰する野球選手をイメージしてください。

しかもその後エネルギーが1段階に上がっても，記憶と思考，自信の波はまだ回復していないのです。

野球選手なら，2軍の登板で何度か成功し，自信を回復してから，ようやく1軍のマウンドに立ちます。ひじを手術した投手なら，2軍での調整が少なくとも半年から1年はかかるはずです。

うつからの社会復帰にも，どうしてもそれぐらいの時間が必要になるのです。

対応のポイント

カウンセラーは，うつの山岳ガイドとして，周囲の人にも，きちんと説明をして，戦略的に当事者の登山を支援しなければなりません。

周囲は，うつの山の特性や，支援の方法を知らないのです。意地悪で邪魔しようとする人はいません。皆さん善意で何とか支援したいのですが，正しい支援の仕方がわからないので，結果として当事者を苦しめたり，傍観したりしてしまうのです。

カウンセラーが適時適切に，そのケースに応じた説明をすることが非常に重要になります。

その時，カウンセラーの説明は，決して周囲の人を責めるだけ，依頼だけして負担を押しつけるだけのものになってはいけません。ここでも説明の前に，「周囲の味方になる」というMCの基本が役に立ちます。

周囲の人は，困っているのです。ですから，クライアントとして対応します。その苦しさと，頑張りについて，まず話を聞き，共感し，味方になります。そのうえで，「こうすればいいよ」という山岳ガイドの知恵を提示するのですが，最終的には，こちらの言い分を押しつけず，クライアント目標（できること探し）を模索します。

通常，周囲の人が知りたいのは，

- 本人の今の状態，何がどう苦しいのか
- どんな治療をして，どこまで回復し，今後どのように回復が進んでいくのか
- 今，どんな仕事を任せればいいのか
- 本人がやってほしいこと，止めてほしいことは何なのか
- コミュニケーションのとり方のコツ
- そもそも，どうしてうつになってしまったのか，それを避ける方法はあるのか。周囲にできることはあるのか

などです。これらは『クライシス・カウンセリング』で紹介した知識，図表などや本人の経緯表を使いながら説明すると，理解してもらいやすくなります。

このような説明は，上司や家族に対し，何度も，継続的に行う必要があります。時には，職場や親族に対するバスケット法も効果的です。

周囲への対応・説明例

ステージごとの「対応・説明例」の項や『クライシス・カウンセリング』での紹介した説明が効果的です。そのほかにも，よくある疑問と説明例をまとめておきます

完全に治ってから出勤してきてほしい

職場は，ぎりぎりの労働力で回して，何とか経営を保っている場合も多いものです。

その中で，少ししか仕事しかできず，デリケートな方が職場にいると，職場はその人の仕事を担うだけでなく，精神的にも気を使います。またほかの従業員も，何かその人だけ優遇され，自分たちが不当に扱われているような気分になりがちです。

ですから，「100％働けるようになってから，職場に出てきてくれ」と言うリーダーもいます。

ところが，それは難しいのです。

うつはエネルギーは回復しても，自信が回復してこないと100％のパフォーマンスは発揮できません。自信が回復するには，その職場で何とかこなせるという経験と時間がどうしても必要になるのです。ですから，どうしても職場でのリハビリの仕上げが必要になるのです。プロ野球選手なら2軍での調整です。

その時は，周囲の不満が大きくならないように，バスケット法などによる適切な情報提供することが成功のコツになります。

仕事場は変えるか，変えないか

職場復帰に際して，職場側が悩む問題です。

一般的には，元の職場に変えるほうが，慣れた環境，慣れた仕事，慣れた人の元でのリハビリになるので有利なことが多いのですが，これも状況によります。

もし，そこがかなり忙しい部署で，そこにいるだけであおられて落ち着かない感じがするのなら，他の部署の方がいいでしょう。その部署に，とても苦手な人がいる場合も同じです。休職する前にいろんな迷惑をかけて，とてもあの部署には戻れないという場合もあります。

本人の希望を十分に聞くべきです。

もう一つの注意は，一旦本人の希望を聞き，部署を決めたからと言って，それで放置してはいけません。

職場復帰直後は大変動揺します。

本人が希望したとはいえ，実際に働いてみると，本人が予想しない不安感，疲労感，緊張感などを感じてしまうかもしれないのです。それでも，「自分で希望したのだから」と，言い出せないでいると，結局リハビリが滞ります。

人事などから積極的に「今，どんな感じですか。必要とあれば，違うところでの勤務も可能ですよ」と声をかけてほしいのです。

回復だから楽なんじゃない？（図 11-12）

リハビリ期は，休むだけ，軽い仕事しかしていないだけだから，ずいぶん楽だ，と勘違いしている人が多いようです。

骨折や，脳の疾患の時のリハビリは大変厳しいのですが，うつからのリハビリも同じようにとても苦しいものです。

ある職場で，リハビリ期の人に配慮し，普通の人の 7 割程度の仕事を与えていたとしましょう。かなりの配慮です。しかし，リハビリ期の人は，7 割のエネルギーしかないと思ってください。つまり，7 割のエネルギーで 7 割の仕事をするのは，エネルギーを 100％使い切る，全力作業になっているということです。

普通，人は，その人のエネルギータンク（電池）の 7 ～ 8 割で日常の仕事をしていると思います。10 割，つまり 100％エネルギーを使う全力作業は，その日はできても，次の日はぐったりではないでしょうか。

その全力作業の状態を，リハビリ期の人は，半年以上続けていくのです。そのつらさを想像してあげてください。

それでは，そんなリハビリ期の人が，ほかの方と同じような負荷（感）で継続して仕事ができる量はどれぐらいなのでしょうか。2 倍モードが 2 倍の負担感があることを考えれば，7 割の 2 分の 1 なので，普通の仕事の約 3 分の 1 程度なのです。

本人も周囲も，この「程度」をよく理解しておくべきです。

性格改善・能力改善が必要なんじゃない？

一般的な人は，悩むのは問題解決能力がないから，性格が弱いから……などと考えがちです。確かにそういう方は，社会に適応するためには少し鍛えることが必要です。

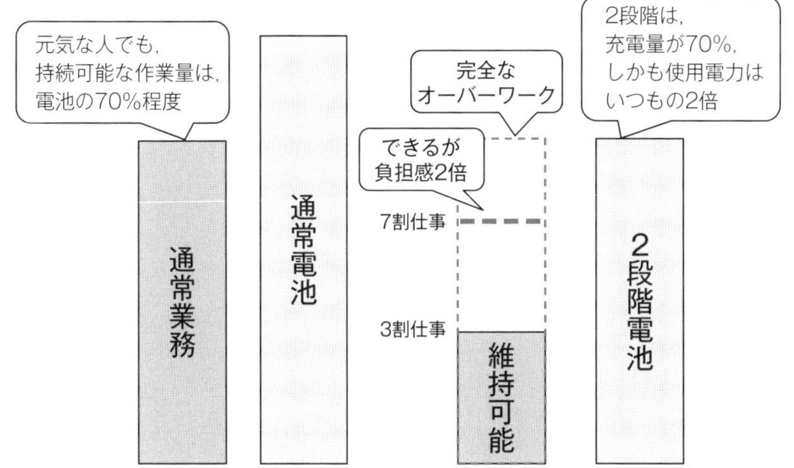

図 11-12　通常業務は完全にオーバーワーク（7 割の仕事でも負担感は 2 倍になる

ところが，うつの方はエネルギーが低下し傷つききやすくなっているという「症状」が出ているのです。

風邪でセキや熱が出ている人に，肺を鍛えるトレーニングをするべきだという人がいたらどうでしょう。方向性は正しくても，タイミングが違うのです。

うつの場合は，まず，エネルギーを回復し，記憶と思考の偏りを回復し，自信を回復してもらうというステップをきちんと踏むことが大切です。訓練はそのあとです。

ところが，うつの回復が長引くので，第 4 ステージのころから，どうしても魔法やカンフル剤を求めてしまいます。

能力を上げるための自己啓発や，考え方を変えようとするセミナーや宗教などを紹介したくなります。

そのような行為がプラスに働く時期なのか，マイナスに働く時期なのかは，ぜひカウンセラーの意見を聞くようにしてください。

仕事を減らしているのにどんどん悪くなる……

ある方が，うつになり休職し，職場復帰をしてきました。職場はかなり仕事量を減らして迎えました。本人は，しばらくはその仕事量をこなしていたので

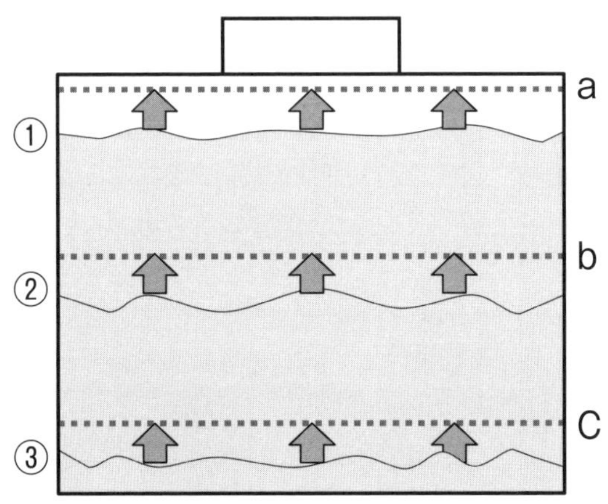

図 11-13　治療してもジリ貧で悪化するケース

すが，また突然休職してしまったのです。しばらく休んでまた復職となりましたが，職場は再度もっと仕事量を減らすことで対応してくれました。

ところがそれもしばらくしたら，また出勤できなくなったのです。

このようなことが起こると，職場は「彼に与えてあげる仕事はない」と考えてしまいます。

そのような場合，図 11-13 で説明します。

その方は，①のエネルギーレベルで，それ以上の仕事（a）をし続けたのでうつになってしまいました。一旦③以上にまで落ちたエネルギーをきちんと休養することでなんとか徐々に戻し，ようやく②のレベルに達したので復職することになりました。職場も復職を喜び仕事量も以前の７割（b）に配慮してくれました。ところがこの（b）の仕事量は不幸にも②を少しだけオーバーしていたのです。結局徐々にエネルギーの低下が始まり，また休職になってしまったのです。

3回目も同じです。たまたま，回復度③の状態で，それを上回る仕事cを頑張って続けたので，3度目の休職に至ったのです。

これは，会社が悪いのでも，本人が悪いのでもありません。たまたまなのです。もし一度目の休職の時，職場が準備した仕事量が②より下の仕事量だったら，復職はうまく行ったのです。それは，やってみないとわからないことなのです。

うつのリハビリは，計画通りには進みません。周囲も本人も，これならうまくいくだろうと，いろんなことを試みますが，その結果が出るのはしばらくしてからなのです。（参考：「職場復帰後が大変」の図148ページ）

そのような試行錯誤の連続で，うつのリハビリは進みます。

ですから，このようなケースの場合も，単に運が悪かっただけと認識し，本人や周囲のイメージする「これならできる」というレベルをもう一度検討し直し，低いハードルからリハビリをやり直していただきたいのです。

自信をつけて回復させてあげたい

うつは，自信を失う病です。リハビリ期が長引くと，本人は何とか現状を打開したくて，少し困難な仕事にチャレンジし大きな成果を上げて自信を回復しようともがきます。

周囲も，「何かを成し遂げて」自信を得たという自分の経験に照らして，当事者に仕事を勧めることがあります。

これらは，うまくいかないことが多いのです。というのも，ここで意識している自信は，私たちの言う第1の自信（できるの自信）です。うつで，失われている自信の主体は，自分が継続的に力を発揮できるかという第2の自信の方です。

また，2段階で無意識がやる気や自信にブレーキをかけている段階の時に，仮に，ある仕事を任せて，うまくいったとしても，本人は，「たまたまうまくいっただけ，運がよかっただけ」という受け取り方をし，なかなか第1の自信が補強されません。

それだけでなく，イベント自体は成功したのに，過剰に頑張りすぎたせいで，その後に大きな落ち込みが訪れることがあります。それは，本人にとって大きなショック（第2の自信の低下・無力感）になってしまうのです。

医者はこういうのだけど……

主治医や産業医から，さまざまなアドバイスや診断書などをもらいながら，社会復帰していきます。

職場は，医師の意見などがあれば，人事処置なども動きやすい部分があるでしょう。

ところが，医師の意見を絶対だと考えるのは少し慎重になるべきです。

戦略のところでもお伝えしたように，同じうつでも条件が違うと最善の策も変わります。同じクライアントでも，時期が違うだけで，最善の対応も変わるのです。

医師は，一人のクライアントのすべての条件をきちんと把握できる立場にはあるとは限りません。できるだけ，医師の判断を容易にできるように，積極的に情報提供するべきですが，それでも，医師の意見は絶対ではなく，参考とするべきです。医師は医療のプロではあっても，そのクライアントのプロ，その職場のプロではないのです。

主治医の意見，産業医の意見を参考にしつつ，本人，本人とよくコミュニケーションが取れているカウンセラー，上司，同僚，家族などが，今の本人にとっての最善を探していくべきです。その時，戦略的視点とMCのスキルを持つカウンセラーが果たす役割は非常に大きくなります。

会社がつぶれる，雇いきれない

社員を救いたいが，経営上もかなりの困難に直面している……。そんな時は，本人に解雇などの話をしなければなりません。しかし会社側は，「もしかしたら，それで自殺などをするのではないか」と恐れ，なんとなくその話を遅らせていると，結局，突然の解雇通知という，本人にとって最悪のケースになりがちです。

会社の経営状況は，世の中の経済の動き，政治の動きなどと同じで，変えられないものです。それなら，少しでも早いうちにその可能性を知っておいた方が，心構えと準備ができます。

もちろん，本人の波の状態を見ますが，見すぎると機を失します。本人をよく支えている上司，同僚，カウンセラーなどがサポートしている状況で，どう伝えるか言葉を選びつつ，しかし，濁さず明確に伝えてください。

⑤　架空のケースで戦略的アプローチを学ぶ

妻のうつについて悩む50代男性（1回の面接）

第1場面

クライアントは，50代男性。ある企業の部長。妻（40代）は他社の役員をしていたキャリアウーマン。働きすぎで2年前から役職は引退。今はいくつかの事業を個人的に経営。

男性（夫）は，ようやく1カ月前に妻に結婚を受け入れてもらった。妻は以前からうつっぽく，妻をサポートしたい。

妻は，マグロのように，止まるとダメなタイプ。いろいろな病院にも通ったが，結局医師も薬も信頼していない。自分のことは自分が一番知っていると言い，カウンセラーの面接には，抵抗があるよう。仕事を辞めたが，何か自分が燃え上がることがあるはずと，探し回っている感じ。特に海外での投資は，彼女の得意とするところなので，忙しくしている。

夫はサポートしているが，妻の求めるものではないようだ。「あなたが変わってほしい」という妻の要望を受けて，夫が本カウンセリングを受けることになった。

今は，結婚式をするかしないかで悩んでいる。やりたいが，式場やドレス選び，招待者選びの負担感が大きい。それで不眠が強くなっている。

夫は，心理面にもかなり理解力がある。結婚を受け入れてくれた時も，「この人は結婚しないと死んでしまいそうだったから」という言い訳，ナラティブが重要だということを学習した。

夫と話しているうちに，夫の本当のニーズを探ると，

妻に治ってほしい。苦しまないでほしい。自分を攻撃しないでほしい。

そのために，自分がやれることを知りたい。というものだった。

バリア病

場面：夫とは，3回目の面接。以前の2回は，社員のうつ対処へのアドバイス。

リスク：妻はこのままだと蓄積疲労で落ちるかもしれない。妻の海外出張とライフイベント（結婚式）

安全安心：？

病気：妻は病気というより，おそらく疲労。不眠がつらい

エネルギー：夫のエネルギーは，あり。ただ夫の年齢，ライフイベントには要注意。妻はおそらく２段階。やや低下気味か
抑圧緊張：リラックスした会話，「ここだからぶっちゃけます」という発言。こちらの提案に対しても，現実をきちんと見られている感じ
味方：前回までのカウンセリングで確立
感情：ようやく結婚にこぎつけたこと，少し疲労感か
対処：妻に対して，あまり結論を強要しないで，サポートできている。夫のしがみつきなどは見られない
カウンセリング目標（以下 COObj）：妻への疲労うつ対処？
クライアント目標（以下 ClObj）：妻をカウンセリングに来てもらうよう説得してもらう？

第２場面

妻の状態は疲労であるので，このままの環境が続くと，海外出張，結婚式に対する心理的葛藤が重なり，状況は悪化していく可能性大，と丁寧に説明。

しばらく休むしかない，説得は家族（夫）では難しいので，カウンセラーが担当すると提案（クライアントの疲労やこれまでのトライで難しかったことを理解しつつ）

それに対しては，難しいという反応。カウンセラーは，それ以上は押さない。がけ崩れ対策で，これまでの努力を聞くことに戻る。

バリア病：提案により一時的に味方感の低下
COObj：味方の維持
カウンセラー目標（以下 CoObj）：がけ崩れ対策

第３場面

もう一度聞く態度に戻ると，妻はとにかく夫が変わるためにこのカウンセリングをしていると思っている。その文脈を変えて，妻をカウンセラーに会わせようとするのは難しい，ということがわかる。そこで，できること探しとして，妻とカウンセラーが自然に会うための理由作りをする（ClObj の提案）。

口実として，「カウンセラーが，夫にアドバイスするにも，妻の無意識の要求を理解しておいた方がより効果的になると言っているので，カウンセラーと一度会ってくれないか」という提案。これは，クライアントのできる範囲で，

クライアントも少し先が見えて安心の表情。

バリア病のリスク：妻の負担感が大きいため，カウンセリングの場を提案すると，妻が怒り出す可能性
安全安心：カウンセラーに正論で責められることがないことがわかる
味方：リスクを理解し，単純に妻へのカウンセリングを提案するのを止めたことで味方感戻る
COObj：妻をカウンセリングの場につれ出す案探し
ClObj：妻の参加への理由作り

第 4 場面

安心と味方感改善でクライアントの思考が進みはじめる。

「ただ，最近わかったことがある。結婚したらどうなるの？という質問は以前からされており，自分は『基本的に特に変わらない』と答えていた。ただ，話をしているうちに，どのような結婚生活をするのかを二人で話したいのだと気がついた。結果ではなくプロセスが大切なのだ」と夫が発言。

カウンセラーはそれを称賛する。

奥さんも喜んでいるでしょう。と聞くと，最近は相当，怒りを我慢してくれるようになりましたと答える。

バリア病
リスク：夫の理解は，妻にとっても大きなプラス要素
エネルギー：妻が我慢できるというのは，エネルギーの改善を示す。不眠をエネルギー低下からととらえていたが，不眠は結婚，結婚式という刺激による表の３段階の影響で，注目するべきエネルギーは，むしろ改善しているという見方に変更

COObj
奥様へのアプローチではなく，夫の今の行動の強化（根本原因対処ではなく周辺部の補強）
夫の自信の補強，妻を動かさなければならないという負担感の軽減
ClObj
今のままでよい。

夫の態度がいかにサポーティブか，普通はなかなかできない，それで妻のエネルギーが大分回復してきているので，このまま進めるとうまくいくのではないか。カウンセラーとの面会は，しばらく様子を見てからでいいのでは……と解説。

クライアントは笑顔で帰る。

アルコールの指導を受ける50代男性（1回の面接）

第1場面

職場から，「うつのテスト（SDS46点）の点数が高く，アルコール乱用の恐れがある」のでカウンセリングしてほしい，との依頼。会社で自殺があった1カ月後のこと。その1カ月前の自殺にはメンタルレスキュー協会が組織支援をし，その時もカウンセラーの一人が面接をしている。その場面では，亡くなった方との関連も薄く，問題なし。

今回は，別のカウンセラーが対応。点数が高いとの結果のテストを持参してきてくれと依頼してある。

バリア病

場面：組織からの依頼。アルコールについて指導してほしい感。組織に何らかのフィードバックをする必要

リスク：自殺，アルコール依存

安全安心：組織への不満？　孤立？　新しいカウンセラーへの警戒？

病気：アルコール依存，肝臓などの疾患，うつ，PTSD？

エネルギー：？

抑圧緊張：？

味方：組織支援の印象しだい。アルコールについては警戒か？

感情：？

対処：症状を無視する対処をしている？

COObj：アルコールについてのリファー，指導？

CoObj：先入観を持たない

ClObj：？

第 2 場面

時間通りに来訪。うつのテストは持参していない。

なぜ自分がわざわざカウンセリングに来なければならないか不明という（朝6時に起きて，ここまで1時間半かかる）。

まず1カ月前の自殺に関して問うと，ほとんど面識がなく，ショックも受けていない。その時も，2時間かけて移動し，カウンセリングを受けた。ショックを受けていないのはほかの人もそうだと思うが，どうして自分だけ今日呼ばれたのかわからない。むしろ理由を聞きたい。

心理テストの点数が高いからだと思うが，テストが間違いだと思う。それとよく飲むからか？

独身。以前は忙しい仕事をしていたが，2年前から穏やかな職場。趣味は釣りだが，この近辺では大物が釣れなくて面白くない。

時折笑顔で，冗談をはさみ，はきはきと話す。本音を話している感じ。

このカウンセリングへの不満も，組織に対する不満やイライラも，ないことはないがそれほど大きくない感じ。そのほか，自覚しているストレスは少ない。

バリア病
安全安心：特に今のところ不安は感じられない
抑圧緊張：元気そうなのは表面飾り？
COObj：とりあえず心理テストで症状の共通認識を得る
CoObj：アルコールについて触れるタイミングを計る→いきなりアコール関連のテストではなく，うつ関連のテストをやってもらう

第 3 場面

うつ関連の心理テストをやって，口頭で答えてもらう。

Q 明け方が一番調子がいい→アルコールを飲みすぎて朝はつらいことが多い。

Q 食欲，睡眠は？→アルコールを飲むから週末，月曜はよくない。火曜日以降改善。

以前の職場で眠れない時があり，デパスをもらっている。今も時々使う。デパスで眠れる。

Q 役に立つ人間だ，やりがいがある。→今はろくな仕事をしていないので，ない。「では，やりがいを感じた時は？」「以前の本社での勤務，トラブルバスターをやっていた」

とにかく仕事が好き，仕事をしている時が一番充実している。以前のような厳しい環境での仕事をしたい。

Q 疲労感はない。

バリア病

リスク：自殺，アルコール依存のリスクは低下（うつテストの高得点は書き方の問題）

病気：アルコールの飲みすぎと不眠はあるが重い精神的な病気は，感じられない。不眠もそれほど強くない。薬に対する抵抗感もない……身体病？

エネルギー：疲れもなさそう

抑圧緊張：正直に語るので表面飾りもなさそう

味方：正直に話すのでだいぶ味方→アルコールについて聞ける

対処：ほかのストレス対処としてアルコールを活用

COObj：アルコールについて話題にする

CoObj：アルコールの危険度をできるだけ客観的に評価，希死念慮も。アルコールについての指導は，本人がうんざりしている可能性もあるので，慎重に（アルコール指導は，あわよくば。本人が聞くまで説明しない。のちのトラブルのために「味方」を確保する作戦）

第4場面

アルコールについて聞くと，素直に答える。アルコールは，若いころから。翌日仕事がない時は，2時ごろまで飲む。朝は二日酔いで，夕方以降調子が戻る，のパターン。以前は毎晩呑んでいたが，今は飲まない日もある。歳を取ったから。

今でも，土日は朝から。酒量が多くなるので月曜はつらい。火曜日以降調子を取り戻す。

ブラックアウトの経験は何度かある。最近はない。仕事熱心であり，平日の朝からの飲酒はない。

アルコールで内科と精神科にかかったことがある。今は行っていない。

5年前脳のMRIを撮った。前頭葉が少し萎縮していると言われた。

受診は，健康診断で肝機能の数値が悪くなっているから。まだ薬は飲まなくていいと言われた。そのついでに脳も検査を受けた。

アルコールで失敗したという記憶はない。朝はつらいが，仕事に遅れたことはないし，喧嘩や物損などのトラブルもない。

今はいろいろ健康について言われるが，以前はもっと飲む人はたくさんいいた。飲酒運転も当たり前だった。時代がせちがらくなってしまった。

バリア病
病気：きちんと受診もしている
感情：アルコールに関しての不安・自責も少ない
COObj：アルコールについての柔らかな指導
CoObj：希死念慮を確認が終わってないのでまずそのテーマ。次にアルコール指導は押しつけにならないようにバランスよく

第 5 場面

希死念慮を確認した。死にたい気持ちはない。
最終的には，アルコールの害について彼の方から，説明を求めてきた。
「脳の萎縮は治らないんでしょうか？」
アルコールは元に戻らないことを説明。しかし，今はパフォーマンスが低下していないので，止めることは絶対条件ではないが，少し控えるようにアドバイスした。ノンアルコールビールなどの工夫やほかのクライアントの事例などを話した。「一生おいしく飲むために，毎日飲むや多量に飲む」を控えるというクライアント目標を提示すると，とても大きくうなずいた。
一番のストレスは，組織が自分に仕事をさせないこと。仕事が一番なのに，それができないと，どうしてもむしゃくしゃする。
組織には，きちんと今の状態を説明し「バリバリ仕事をさせてください」とお願いすると本人に伝えた。「また，何かあったらお願いします。酒は控えます，長く飲むために」と，笑顔で退出した。

味方：こちらの提案（ClObj）を聞いて，味方感がアップ。本当のストレスについて話してくれた
COObj：組織を安心させる（それによって本人のストレスの低下）。本人には少しのアルコール指導，カウンセラーは自分の味方，わかってくれる人だと認識を強化してもらい今後もサポーターとして認識してもらう
CoObj：組織への説明を検討する際，クライアントに不安を感じさせないように，組織に対してカウンセラーがどういう伝え方をするかを細かく説明する。「うつテストの高得点は本人の書き方の問題，組織の過剰な心配

が本人のストレスになっている。アルコール指導は今の段階では，病院に任せ，本人の望む仕事をさせて下さい」と伝えることで合意。

今後アルコール面でも，つながられるように，専門家としての印象を残しておく。

ClObj：「一生おいしく飲むために」という物語りの中で，できる範囲で酒を控える。もしトラブルを感じたら，早い段階でまたカウンセリングを利用してもらう

うつからのリハビリ中の40代男性（1回の面接）

第1場面（面接の依頼受け）

遠方（航空機利用）の会社専務からの電話での依頼。

復職後の慣らし勤務が一年以上続いているにもかかわらず，状態が安定しない社員がいる，どうしてよいかわからないのでカウンセリングをお願いしたい。

対象者は，46歳　男性社員。現在慣らし勤務を1年続けているが，いつも体調が悪く，疲れている。遅刻，早退も多い。仕事量も少なくしているのに，いつまでたっても状態が安定せず，なかなか復職できない。主治医はゆっくり慣れていけばよいといい，産業医は主治医の言うとおりでよいという。会社としては本人のことが心配だし，どうして対応すればよいか悩んでいる。

バリア病

場：

復職支援。職場復帰後1年のリハビリ期。本人からの依頼ではなく，会社側からの依頼

→本人にカウンセリングを受ける意思がないかもしれない

→会社側の意向が読めない。辞めさせようとしているのか，復活させようとしているのか

→リハビリ一年なら，それほど長引いてはいない。本人へのアプローチではなく，周囲への説明の方が重要かも……

→遠方なので容易に支援できない。一度で効果的なカウンセリングを提供する必要。もし効果が見込めないようなら，引き受けないという選択肢も

リスク：

リハビリ期特有のリスク，退職，自殺，周囲の勤務意欲の低下，家族の疲弊など

→徐々に確認

利害が対立する場合，カウンセラーがクライアントを傷つける対応を要求される可能性も

→会社の意向や，カウンセリング代金の支払元を確認

主治医，産業医の意向もわからない

→主治医などの了解をとってもらう

COObj：

専務に，ご本人のカウンセリングを受ける意思を確認してほしい。産業医にも許可を取ってほしいと依頼

数日後，人事から，本人も産業医もカウンセリングを受けることを了解した旨の連絡があった。

第２場面（ライン，人事スタッフなどとの会合）

当日，本人との面接の前に，専務，部長，直属の上司（課長・係長），人事と 30 分の調整。

まず，ご挨拶を兼ねてご本人の現状。慣らし勤務の状況（フルタイム，残業なし，給与は 8 割程度支給，週に 1 回は休むことがある。多い時は 4 日ほど休む）を確認。就業規則上，再度の休職はあるかを確認したら，問題ないとのこと。

会社のスタンスを確認したところ，本人はとても優秀で，かつ人が好くまじめな社員なので，会社側としても本人に何とかよくなってほしい，ともかく毎日会社に来られるようになれば復職してもよいと考えている。ところが，なかなか連続で出勤できていないので，職場，人事としてもどうしてよいのかわからない。会社としては，本当によい人材なので，なんとか辞めさせないようにしていきたい。また一方で，以前会社で自殺者が出ているため，そういうことにだけはならないようにしたい。今後，会社としてどう対応したほうがよいかアドバイスがほしい，とのことであった。

バリア病

場：カウンセリングの前に面接あり→非常に熱心に支援してくれる組織→そ

の分，これまでの復職の不調の理由，具体的改善法を知りたいだろう。→（COObjC）。

カウンセリングの後に職場へのアドバイスが求められる→クライアントとの調整が必要

リスク：強制的に辞めさせられるというリスクは低下

エネルギー：かなり恵まれた復職のようだが，回復が思わしくないのは，いきなりのフルタイムが影響か？→もう１年以上たっているので，影響は少ないはず

多い時４日休むのは何かがあるかも→純粋な仕事量以外の影響が予想される

感情思考：よい会社がゆえに，本人の歯がゆさ（無力感，自責感）が大きいか。特に，仕事を減らしてもらっているのに適応できない，１年ならしが続くのに，なかなか回復しない，という無力感が大きいと予測。→（COObjA）

クライアントは，停滞感のある時期における，わざわざ遠方から呼ばれてきたカウンセラーとの面接に，不安を大きくしているだろう。

（→ COObjB）

COObj：

A：リハビリ期で，おそらく途方に暮れているので，ただ聞くだけのカウンセリングでなく，現状説明～できること探しのスタイルで進めていく。まずは，現状の確認，経緯の確認

B：カウンセラーの自己紹介，会社のスタンスなどをカウンセラーが知っていることなどを，冒頭できちんと説明する。できるだけ早く味方になる。

C：一度の面接で，本人，周囲がある程度納得できるような，説得力のある説明を見つけたい

第３場面（挨拶，症状の確認，仕事の状況の確認）

カウンセラーが自己紹介と今回カウンセリングになった経緯を説明。

簡単なあいさつの後，「ならし勤務が１年続いているが，状態が不安定。優秀な社員なので，ぜひ復職してほしい。会社として，本人にどのようにサポートしていけばよいか教えてほしい」という依頼を受けたこと，事前に勤怠表を預かっていること，会社にフィードバックはしなければならないが，クライアントが伝えてほしくないことは伝えないことなどを説明。

クライアントは，「そうなんです，とてもよくしてくれる会社・上司なんで

すが，どうしても復職できない」と無力感，自責感をにおわす発言。

現状の体調を確認すると，あまり眠れてはいないが，薬で以前よりは眠れている。お酒も飲まないし，睡眠の質は悪くない。食事はおいしい。量も結構食べている。ただ，すごく疲れる，という。

仕事の概要を確認すると,「内勤で仕事もあまりない。それなのによくならず，皆さんに迷惑をかけている。なぜ自分だけがこんなことになったのか，本当に疑問だらけ」と本人のふがいなさを嘆く。

現状の仕事の話を聞く限り，特に疲労をためるようなことは見当たらない。

バリア病
リスク：仕事が過重であるようではない
安全安心：職場に対する安心感はある
病気：薬は効いている感じ（不眠）
エネルギー：2 段階か，以前よりよくなってはいる
抑圧・緊張：今のところ感じられない
感情思考：第 2 の無力感，自責が強い
対処：酒のしがみつきはなし
CO（Co）Obj：第 2 の無力感を緩めるための経緯表を作成する。症状は強くないものの，疲労感に結びつく何か（仕事以外）の存在を探る

第 4 場面（うつに至る経緯を聞く）

実は, 休職は 2 回目であるという。X 年 -3 の 5 月から 1 年間, 休職している。

1 回目の休職に至った経緯を確認すると，休職する半年前に奥様が病気で入院（1 カ月)。パートを退職せざるを得ず，収入が減り，長女を希望の大学に行かせられないのではないかという不安と，長女の受験の世話，家事などの負担があった。長女は，無事受験に受かったが，お金が続くかがとても心配だった。結局，義母が入学金などを支払ってくれた。それらが一段落した時，不眠をはじめ，体調が崩れ，気力がなくなり，職場に行けなくなった。死にたい気持ちもあった。受診をし，休職となった。

（図　経緯表）

バリア病
リスク：希死念慮があった，今もあるか？

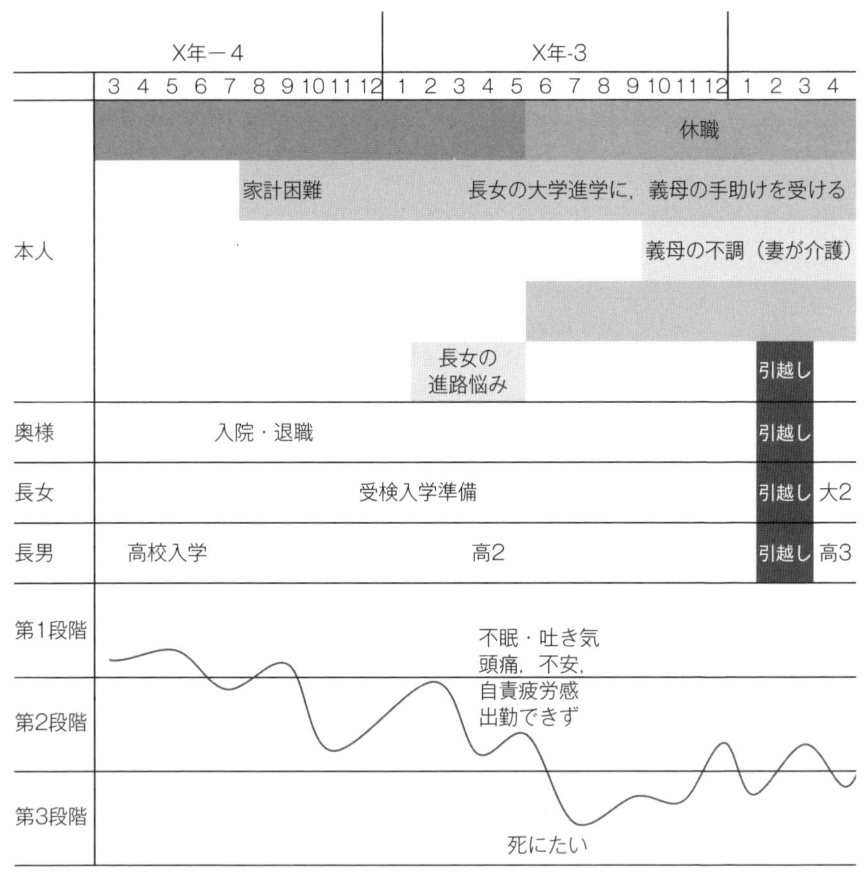

図 11-14　うつからのリハビリ中、40 代男性の経緯表

病気：うつの状態は 3 年以上継続か

味方感：1 回目の休職の件や死にたい気持ちも素直に話してくれている。かなり味方感

感情思考：なかなか治らないという無力感は，3 年以上のもの。かなり強い

CO（Co）Obj：1 回目の 1 年の休職中の過ごし方，回復度を確認する
どこかのタイミングで，今の希死念慮再確認

第 5 場面（1 回目の休職）

受診し家で休養していた。徐々に回復を感じてはいたが，何より長男（高校

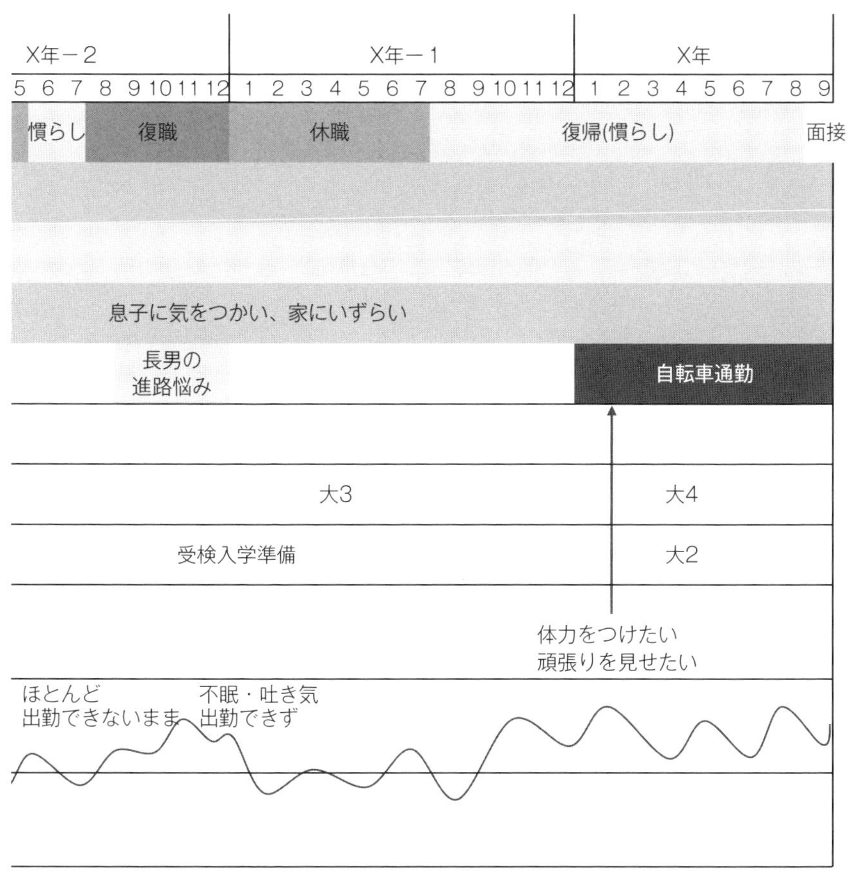

図 11-14　つづき

2 年）に，父親が毎日会社にも行かず，ぶらぶらしているところを見られたくないという思いが強く，息子がいる時は，家から離れていた。そうしているうち，休職してから 9 カ月目，やや遠方の実家に住む 82 歳義理の母の調子が悪くなり，一人娘である妻が介護支援をすることになった。今後も考え，家族で実家の近くのマンションに引っ越すことになった。

引っ越しをして落ち着いたころ，とにかく家に居づらいのと，早く復帰したい，職場にこれ以上迷惑をかけたくないという思いから，体調は万全ではなかったが，慣らし勤務を始めた。慣らし勤務の間は，ほとんど出社できなかったが，2 カ月後には復職した。

バリア病

エネルギー：当時は，休職したものの家で落ち着いて休める状況を作れていなかったので，２段階にとどまっていたところ，病気の妻が介護をすることになり，そのために引っ越しをしたことで，大きくエネルギーを消耗した。その状態で，焦りにより，復職してしまった

第６場面（復職～２回目の休職までの半年）

何とか勤務をしていたが，高校３年になった長男が私立大学に行きたいという。しかしすでに長女を大学に行かせており，経済的な不安がより大きくなった。ふがいない父親だと感じる。

次第に，薬を飲んではいるが眠れなくなり，吐き気がある。また，以前のようになると思うと怖くて，どうしてよいかわからない。でも休めない。とうとう半年たったところで，また会社に行けなくなった。

バリア病

リスク：現在でも，長女は大学４年，長男は２年。金銭的負担も大きい

エネルギー：２段階

感情思考：２段階での心理葛藤や金銭不安のために，２倍のショックを受けた

第７場面（２回目の休職～復職～現在の慣らし勤務）

休職になったが，息子も自宅で大学入試の勉強をして，家にいても落ち着かない。

再び外に出たりしてあまり家にいないようにした。息子は３月に無事に合格して，私立の大学に行かせることになった。蓄えておいた貯蓄がほとんどなくなった。早く復帰をしないと学費が払えなくなる。

８カ月休んだところで慣らし出勤を認めてもらいスタートしたが，なかなか連続して職場に行けない。死にたい気持ちは，１回目の時はあったが，今はない。

バリア病

リスク：現在でも，長女は大学４年，長男は２年。金銭的負担が大きい
今の段階での希死念慮はない→会社への安心情報

エネルギー：２段階

味方感：盛った要約などを多用し経緯を詳しく聞くことで，かなり味方感が深まった

感情思考：金銭不安が大きい

CO（Co）Obj：経緯表を用いて，どうしてうつになり，長引いているのかの説明をする。
〈説明案〉１回目の復職は引っ越しの疲労を回復しきらない２段階での復職となってしまった
会社は配慮してくれていたものの２段階なので，週末家で休めないことと，将来の金銭不安から，調子を崩した。２回目の休職の間に息子が大学に受かったことで，金銭不安が更に大きくなり，また治りきらないうちに，今回の慣らし勤務になった。連続して出社できないのは，やはりエネルギーが低下した状態をまだ脱し切れていないから

第８場面（追加の情報収集～ ClObj）

どうしてうつ病になったか，経緯表（180 ～ 181 ページ）を使って，説明した。本人的には，意外な視点だったようだが，納得してもらった。

バリア病
場：ただ，今の段階の説明では，現在の軽い仕事で，週に４日出られないほど疲労が深くなってしまう状態を十分説明できている感じがない。面接の時間はあと 10 分
COObj：遠方でなかなか会えないので時間は少ないが多少無理をしても，より具体的なアドバイスをするため，うつの回復を阻害している可能性のあるライフイベント，しがみつきなどについて，もう少し踏み込んで情報収集する

通勤の状況を確認したところ，今回の慣らし勤務から，自宅から会社まで 40 分の自転車通勤をしているという。以前はバス通勤だったが，今回の慣らし勤務から，体力をつけるために始めた。雨が降っても，風が吹いても，雪が降っても続けている。自転車通勤のことは会社は知っている。主治医と産業医も知っているかと聞くと，「直接言ったことも，聞かれたこともないので，多分知らないと思います」と答える。

バリア病

対処：自転車通勤は今回のリハビリを阻害している大きな要素になっている可能性が高い

COObj：経緯の説明に追加の説明をし，ClObj を提示。会社への説明内容をすり合わせる

説明案

現在のリハビリを停滞させているのは，自転車通勤。２段階なので，２倍の距離を走っているようなもの。片道 80 分。運転中の緊張も含めて，とても疲れる活動だと思う（本人同意）

ClObj 案

1. 自転車通勤をやめる（疲労の軽減）
2. 土日にあまり家で休めないようであれば，平日もう１時間早く寝るよう意識する

CL も体力をつけるために実施していたことがかえって状態を悪化させていたことに，びっくりしていたが，よくなるのであればバス通勤に戻すという。バスだと，家と会社の目の前にバス停があるので 15 分で会社に到着する。

会社にうつの停滞の理由と，改善策を伝えるが，今の説明を伝えてよいか，これだけは言ってほしくないことや，逆に，言ってほしいことがあるかを確認した。

今日話したこと，聞いたことはそのまますべて話してほしいと了承を受けた。

会社への説明の時，同席するかどうかを確認したら，同席するという。座る位置なども調整した。

最後に「何か聞いておきたいこと，心配なことがありますか？」と聞くと，「こんなに風に話を聞いてもらったことがありませんでした。なんで自分がうつ病になったのか，どうしたら良くなるのか，まったくわからず，自分はもうだめなんだなと思っていました。疲れること・焦ることがだめだなんて知りませんでしたから。初めて，光が見えたような気がします。しっかり疲労をとっていきたいと思います。ありがとうございました。」と答えた。

第９場面（職場への説明）

Ａさんとカウンセリング前の説明の参加者，全員が参加。

Ａさんが，カウンセリングの中で，何度も会社への感謝を口にしていたこ

とをカウンセラーが代弁。会社のこれまでのサポート態勢を称賛。

その後，A さんのうつの経緯（うつになり始めから，1，2 回目の休職，今の慣らし勤務まで）を経緯表を使って，説明。「現状の不安定な状況を作っているのは，自転車通勤です」と伝えた。

疲労の 3 段階の説明をしつつ，2 段階での自転車通勤は，2 倍の疲労であることを，参加者にもイメージしてもらった。

金銭不安もあることから，慣らし勤務でも通勤費が出ることを確認してから，バス通勤に変えてもらうことをお願いした（職場の人々にとっての ClObj）。

専務から「すぐに手続きをしてあげます。そういうところには目がいかなかったです。ありがとうございます。」

2 カ月後，しっかりバス通勤にしてから休むこともほとんどなくなり，先日復職できたと連絡をもらった。

病気からうつになった 30 代女性の復職支援（複数回の面接）

初回面接までの経緯

友人の紹介ということで，電話で予約。女性，36 歳独身，行政職員。

3 年前結核になり入退院，その後うつ病になり職場を休職することに。

復職したいがあまりよくなっている気がしない。しかし，そろそろ復職する準備を始めなくてはいけないとも思う。どうしたらよいか？教えてほしい。

バリア病

場：リハビリ支援。3 年前の結核から→ブランクが長いので，不安も大きいだろう

場，安全・安心，感情・思考：医療にかかっており，うつ病の治療も受けている中で，カウンセリング希望。→もしかしたら医療不信があるかも

リスク・病気：結核の状況や闘病のつらさ，現在の症状・心配などは？，大病に伴う惨事的心理的なショックがあるかも（惨事対応？）

CO（Co）Obj：結核になった時点からの経緯を詳しく聞くことでまずは味方になる（味方になるためには惨事体験を聞くことが有効と判断）

初回面接

■ 第1場面（挨拶，導入）

簡単なあいさつの後，早速，3年前の結核とわかった時の話を聞く。

病院に行ったその日に即入院で，隔離病棟に連れていかれた。

誰とも接触できず，電話はできるので，病院から会社に電話した。伝えた瞬間，電話の向こうでバタバタしている様子が伝わってくる。病室にいる間，毎日毎日，誰からどこでうつったのか，考えてもわからないことをずっと考えていた。結局，2カ月ちょっと入院し，排菌もなくなり，主治医からは復職 OK と判断があり，いろいろ手続きも大変だったが何とか復職した。

よくなったものの，新聞にも名前が掲載されたりしていたので，近所の方にもわかってしまうし，保健所も家に来たと母から聞かされた。誰かにうつしているかもと不安と自責の念が続いた。

バリア病
場：完全な惨事体験→惨事反応の説明によるケアが有効かも（COObj）
味方：惨事反応に盛った要約で対応したため，この時点でかなり味方感あり
感情・思考：うつは惨事のセカンドショック※かも
CO（Co）Obj：引き続き職場復帰の時の体験を聞く

■ 第2場面（職場復帰の時のことを聞く）

仕事を休んで周りの方々にも迷惑をかけたので挽回しなくてはいけないと思い，残業もしながら仕事に励んだ。ところが，3カ月を過ぎたころから，また咳が出るようになり，結核ではないかと心配になり，すぐ病院に行った。結核ではなかったけど，上司に「ちゃんと体調管理はご自身でやらなくては，周りの人も咳をすると何となく心配になるよ。職員が結核になると本当に大変なんだから，頼むよ」と言われた。やはり皆さん疑っているんだろうな，困っているんだろうな。言葉には出さなくても私のことを責めていると感じる。そのころから，電話を受け取っても何をしゃべっていいかわからなくなったり，ミスが増えてきた。なんで結核になったんだろう，あんなことさえなければ……とまた考えることも多くなった。結核菌の潜伏期間が半年～2年とネットで知った。知らない人が，「あなたのせいで結核になってしまった」と非難してくるかもしれないと怖くなったりする。テレビの音が嫌で自分の部屋に閉じこもることが多くなり，夜も寝る時いろいろ考えてしまい，朝まで眠れないことが多

くなった。食欲もない。結核の事後通院の時（復職後 6 カ月目）にドクターに相談したところ，精神科に回され，「うつ病，2 カ月の加療を要す」との診断を受けた。それから休職をして，2 年経過。

カウンセリングも 2 人試してみたが，いずれも途中でやめる。1 回目は，カウンセラーのアドバイスも実施できない自分が嫌で，半年通ったがやめた。次のカウンセラーさんは優しい人だったが，自分ばかりが話しをして，聞いてはくれるんだけど何も言ってくれない。自分のことは自分で何とかしないといけないのはわかっているが，ここでも自分でいろいろできないことがつらくなり途中で行かなくなった。休職期間が終わってしまうことで焦っていたところ，たまたま親が親戚の人からよいカウンセラーがいると紹介され，電話で予約した。

バリア病

場：やはりセカンドショック的にうつになっている。カウンセリングを 2 回中断。アドバイスが強すぎたのと，話を聞くだけ。いずれも自責の文脈でとらえている→症状説明が有効な可能性（COObj）

エネルギー：不明

CO（Co）Obj：説明後の対処法を提案するには，現在のエネルギー状態や症状の細部を知る必要がある。

■ 第 3 場面（現在の体調の様子を聞く）

体調は毎日悪く，頭痛･腹痛がある。食欲もあまりなく，吐き気も止まらないが，母親が食べないと元気にならないとこだわる人なので，無理にでも食べている。

朝がどんより気持ちが下がり，夕方になると少し楽になるが，今度は身体が重たい。

とにかく規則正しい生活をと主治医も両親も言うし，自分もそう思うので朝 7 時に起き 11 時頃就寝。昼寝は夜眠れなくなるといけないのでなるべく寝ないようにしているが，だるくなるのでお昼すぎぐらいから横になることもある。その時寝るとやっぱり夜眠れないし，寝たかと思うと怖い夢を見る。

最近では，車が海に落ちたニュースを見た日，その落ちた車に自分が乗って，海の底にどんどん落ちていき，息がでず苦しい夢を見た。また大きいゴミ箱に入れられ蓋をされて土に埋められる夢などを見た。

昼間も近所に人に会うのが嫌で出ることができない。何もする気がしない。

家族に迷惑をかけるのでこんな自分などいないほうがよいと思う。ここに来る時も電車に吸い込まれそうになりこのまま事故でも起こるといいのにと考えた。

現在死にたい気持ちは毎日感じる。本当に死んでしまえば楽になるのではないかと思う。

2年も休んでいるのにちっとも良くなっていないし，どんどん悪くなっている。主治医は焦らなくてよいというが，分限免職まであと1年。早く戻らないと自分の席はなくなる。

父親には安定しているこの仕事をやめてほしくないし，気持ちが弱すぎるからうつになったんだと言われ，自分も本当にその通りだと思う。

また，戻ったとしても本当に仕事ができるのかどうか？みんなに迷惑をかけて，恨まれているかもしれない。毎日，不安がある。

バリア病

リスク：父，母，医師のアドバイスが今のクライアントの状態にあっていない可能性
希死念慮も強い

エネルギー，病気：かなりうつ症状が強い（改善までかなりの期間を想定）

感情・思考：息が詰まる系の悪夢が多いことから，結核の時の記憶の影響？
うつの四つの思考の偏りが強い→じっくり提案

COObj：結核の時の反応に説明を加え少し安心してもらう。その後，休息を重視したうつ対処をしつつ，時間をかけてリハビリを進める。

CoObj：焦りやカウンセリングへの不信があるので，がけ崩れにはかなり気をつける

ClObj：まずはきちんと休む

■ 第4場面（症状説明～対処法の模索）

経緯表を使って，今までの出来事とエネルギーレベルの推移を説明した。

先に軽くふれていた惨事反応※について再度きちんと解説し，疲労の3段階※と，惨事の後の遅れてくるうつ状態のメカニズム※を説明。また，今の休職期間は，惨事の後の不安や自責などの感情による消耗が大きいため，休んでいても，疲労の収支がうまくいってないこと，さらに，悪夢による不眠，規則正しい生活へのこだわり，が自己嫌悪を増大してしまっていることなどを解説。

自分が弱いわけでないという惨事反応の説明によって，クライアントはかなり安堵した様子（味方感の増加，安心・安全の改善，感情・思考の改善）。

COObj：説明が受け入れられたので，今後のプロセス説明と，うつへの対処法のできること探しに進む

1. 休職満了までの大体の復職計画（リハビリ出勤を含める）及び進退（退職も含めて）について
2. ご両親への説明
3. リハビリ出勤・就業規則の確認と職場復帰に当たる説明と対処法

ClObj：少し頑張れ目標として，睡眠の改善を一緒に考察

ただし，医師の指示，両親の指導と相反するリスクがあるので，慎重に提案。お試し的に実施し，次の面接もあまり間を空けずに設定する

睡眠の確保のためのできること探し（ClObj）

今後のうつからの復帰策として大まかな流れを説明し，それらを徐々に進めていくことを話した後，当面改善できることとして，睡眠をテーマに，できること探しをした。

この時期にちょっと冒険ではあるが，昼夜逆転してもよいのでひたすら寝ることを，2 カ月ほどやってみて，体調の変化，気持ちの変化を一緒に確認していくのはどうか，と提案。

今の説明を受け，疲労をとるには，そうしたい気持ちもあるが，両親の反応が心配というので，両親には，カウンセリングをしてひたすら寝ることをカウンセラーに指示されたと伝えことを提案。納得してくれる。

次の受診が 2 週間後ということだったので, 次回面接は 1 週間後に設定した。

その後のリハビリ経緯

■ 2 回目の面接（初回から 1 週間後）

寝るということに罪悪感がある。怠けているのではないか，と思い苦しい。

でもアドバイスを受けたので横になるだけでもよいかと思い横になってみた。

少し落ち込まなくなったような気がする。夢は相変わらず見ることが多い。

初めから激変することはない，2 カ月やってみましょうと励ます。

ご両親が，寝てもよいが，ご飯を食べなさいと起こしに来る。今までは調子のよい時はできるだけリビングで一緒にいることが多かったので，何かと心配で様子を見に来る。

1 週間後受診する際，主治医に聞かれたら睡眠をとっていることを伝えてもらう。いつもは, 現在はどうですか？と軽く聞かれるだけ。1 年近く薬も変わっ

ていない。

COObj：睡眠改善のチャレンジを続けながら医師の指導方針を探る

■ 3回目面接（初回から2週間後）

相変わらず，夢は見る。顔色はよくなっている。

医師は，生活リズムのことは，何も言わなかった。ただ，両親があまりにもいつも寝ているので心配している。このままでは復職できないのではないかと言ってくる。

両親へカウンセラーが説明することを提案。了解してもらう。

COObj：両親にアプローチし，安心してもらうことでClと良い距離を取ってもらう

■ 4回目面接（両親に同席してもらう）

両親に，まず現在の心配事を伺う。両親の心配と苦労について共感しねぎらい，両親の味方になる。

その後，クライアントの現状，うつになった経緯，停滞している理由，今後後の回復の見通しなどを説明した後，少しゆっくりさせてあげることをお願い（両親にとってのClObj）。

母親は戦後，兄弟も病気をすることが多かったことから，食べないことが病気につながるとのこだわりが強く，食事だけは規則正しく食べてほしい，とかなり何度も訴えたが，ご本人が「お母さんの気持ちもすごくわかる。今，無理して食べていることもあるのでできれば少し量を減らしてほしい」というと，「そうだったの。少し減らしましょう」と理解が進んだ。

意識して睡眠をとり始め3週間。大きな変化こそないが，家では笑うことが多くなっていると両親からの情報。少しずつでは変わってきている様子もうかがえるので，このまま継続

COObj：睡眠改善を継続

■ 5回目（以降2週間のペースでの面接）

その後，ご両親はわかってくれてはいるが，お母さんの心配性とこだわりは相変わらず同じであった。でも，ご本人が自分でちゃんと言葉に出して言わなくてはいけないということがわかり，「今身体がしんどいからもう少し後で食

べる，とか，多いときは多いから残していいかな？」とか，部屋に見に来てくれた時「心配しなくていいよ，寝てるだけだから」と言えるようになった。

1カ月半ぐらいたつと，今度は，復職の心配が大きくなり，また夜眠れなくなった。

悪夢が，職場でのミスに変わってきて，今度はあまりにもリアルすぎて復職できないのではないかと不安が大きくなる。

夢の内容が変わってきたことは，リハビリのプロセスが進行していることであると説明。今後どうしていきたいかの相談をした。

復職したいという気持ちは強いが，なかなか回復しない自分は復職できないのではないか，どうやって復職をしてよいかもわからない。難しいのであれば辞めることを考えなくてはならない，という。

職場の様子がわからないと，具体的な復職をイメージしにくいので，情報をとりながら考えていくことにした。

8回目の面接で，職場の上司へのアプローチを相談。

本人から上司へ連絡してもらった後，カウンセラーから上司に電話して自己紹介。上司もどうしてよいかわからず困っている様子。

COObj：復職に際する不安を低下させるため上司へのコンタクト，上司の理解を求める

■ **9回目（本人，上司との面接）**

主に，就業規則などの復職の手順を確認。リハビリ出勤の後，復職を主治医が判断，産業医に伝えられ，月に1回ある審査会で復職日が決定するとのこと。通常，休みが長いとそれだけリハビリ出勤も長めにとる必要がある。彼女の場合は，3カ月は必要。

結核の復職の時，心ない言葉を投げかけた上司は，すでに異動して所属部署にはいない。自分（今の上司）もひどいなと思っていた。現在のメンバーは，かなり変更しているが，結核のことを知っている人はほとんどいないと思う。気にすることなく戻ってきてほしい。ただ，自分も今年度で異動になるかもしれない。できれば自分がいる時に戻ってきてほしい。

本人も安心した様子。今後カウンセラーも連携をして支援できることを確認。上司からも感謝された。

■ **初回面接から3カ月**

悪夢（勤務について）が多すぎて疲労がなかなかとれない。

COObj：第３ステージの対応。特に不安を小さくする説明を提供する

復職しようとする場が，つらい言葉を投げかけられ，自責と不安を強く感じた現場なので，リハビリの三つの回復のうち，記憶と思考の癖の回復が難しいケースであることを説明。ただし，このまま少しずつエネルギーを上げ，その後，徐々に刺激を加え慣れていくことで，克服できると激励

継続して睡眠をとっていく。

一応，半年後にリハビリ出勤を始められるように頭に入れておいてもらう。

（これが，悪夢の原因にもなるので，あまり長くこの話をしない）

■ 初回面接から４カ月

変化はそれほどなく，三寒四温のように一進一退を繰り返しながらも少しずつ上がってきていることを確認。

テレビを見ても気持ち悪くならない，出かけても次の日に響かなくなったなど。当初からの変化を丁寧に伝えた。

COObj：長期の目での回復を認識してもらう

COObj：カウンセラーが焦らない

（解説）このような停滞の時期は，カウンセラーも焦る。カウンセラーの焦りはCLに変われメッセージを強く与えてしまうので，カウンセラーが落ち着いていなければならない。カウンセラー自身がSVを受けながら進めるとよい。また，徐々に生活リズムも整えていかないといけないので，どのタイミングでそれを実施していくかカウンセラーの頭だけでは考えておく。

■ 初回面接から５カ月

少し買い物に出かけるようになった。疲労するものの２日で解消。徐々に，次の日に動けるようになってくる。リビングで楽しく過ごすことも増えている。

ただ，悪夢は見続けている。飛び起きてそれから眠れないことも多い。

たまにひどい落ち込みを体験する。

死にたい気持ちは，以前のようにはない。ただ，時々生きていることの無意味さを感じて生きている意味があるのだろうかと思い，このまま消えてしまえばいいのにと思うことはある。

COObj：死にたい気持ちと生きがい問答へ対応

その２つはうつからの回復の過程をきちんと踏んでいる証であることを説明した。

ClObj：少しずつ，生活リズムを整えて人に慣れるための刺激にチャレンジする

①今は，平均 12 時起床→ 22 時就寝のリズムだが，それを 10 時起床→ 22 時ベットに

②外の人に会ってもあまり気にならなくなっていたので，1 日 1 回は少し外出（散歩）→人に会った時の応答もシミュレーションしておく

その後，生活リズムは，徐々にシフトできてきた。

外で，誰かに仕事のことを聞かれると，以前はその場から逃げるようにしていたが，今は，「休んでいます」ということができるようになる。その結果，外出できる時間も増えてくる。

ただ，このころからまた，悪夢がひどくなる。

昼間にも，結核の時のこと，1 回目の復職の時のこと，そして復職後のことが繰り返し頭によぎる。

COObj：記憶のリハビリのため，この時期に過去のテーマを扱う

（解説：2 年以上，基本的に話題を避けていた内容なので，かなりつらい記憶として定着している。それがしつこい悪夢につながっている可能性。今は，話そう，振り返ろうと思えば，話せるタイミング。特に信頼できるカウンセラーのもとなら，記憶をたどり，客観的なものに書き換える作業が進みやすい。初回面接でも話は聞いていたが，再度その時のことを話してもらうと，以前より更に詳しく細々な感情を交えてその時のことを話してくれた）

■ 初回面接から 6 カ月

風邪をこじらせてしまい，高熱が出て動けなくなった。その後，約 2 週間で，もとの状態に戻ってくる。

以前であれば，気持ちもどんどん下がり，復活するのに時間がかかったが，今回は自分でも戻ってくる感じがつかめ，自信になってきた。

COObj：自信のケア

カウンセラーは，自信ケアの時期だと判断し，体験を客観的に受け止め，これからに生かしていくというポジティブな視点での振り返りの練習をした。

今回の振り返り：（良かったことを 3 つ，悪かったことを 1 つとその改善点を考えるエクササイズ）

- よかったこと　気持ちがとても落ちたが，体調が戻ってくると気持ちも上

がって来ることがわかった
- 少しよくなっていることが感じられた
- 苦しすぎて夢を見なかったので，逆によく眠れた
- 改善点　早めに対処してればよかった（市販薬で済ませていたが，早く内科に行っていればここまで長引かなかった。また焦って職場に慣れようと，職場から送られてくる連絡文書などを見ていた。休む時は，もっときちんとあきらめて休もう

■ 初回面接から７カ月

主治医からリハビリ出勤の許可が出た。職場への不安が強いので，丁寧に準備した。

COObj：復職のため復職計画の作成とバスケット法の実施

再び上司との面接を組み，リハビリ出勤から，復職に至るまでの計画を立てた。

あくまでも計画であり，体調を見て柔軟に変更することを，両者に強調した。

また，職場には，本人が休み始めてから，初めて会う方も多いので，バスケット法をすることを提案し，リハビリ出勤開始の当日に実施することにした。

当日，本人の部署のメンバー８人を集めてもらった。本人が休職してから，その部署の所属になった人たちも含めた。

まず，カウンセラーが自己紹介し，この会の趣旨を説明した。

次に，本人が自己紹介し，お休みしていることを謝り，職場の支援に感謝していること表明した。

その後，本人がうつになった経緯，どういう治療をしてきたか，今どういう状態かをカウンセラーが話した。（この内容や言い回しは，事前に本人と詳しく調整していた。）

そして，リハビリ出勤の概要を上司から説明してもらった。彼女が完全に復職したと勘違いして，仕事をお願いする人がいる可能性があったので指示命令は直属の上司だけからするということを伝えてもらった。

その後，本人に一旦退席してもらい，本人のいない場で，職場の人に聞きたいことを質問してもらった。その後，本人には，周囲の人の様子や質問の概要を伝えた。

■ リハビリ出勤から復職，その後

バスケット法の後，リハビリ出勤は比較的順調に進んだ。その間，カウンセ

リングは，1カ月目2週間に1度，2カ月目～3カ月目，3週間に1度のペース。

案の定，2カ月目で一度体調を崩したが（第4ステージ），すぐに3日間休養をとり，その後案外早く立て直せた。

3カ月目のフル勤務を終え，主治医に復職の許可，産業医面談。復職の許可を得た。

（最後まで夢は毎日見続けていた）

彼女の場合，休んでいる期間が長かったこともあり，本人の希望で数カ月に一度カウンセリングをしていたが，再発もすることなく勤務できているので，5年目に終結した。

全身がんでホスピスに入院している70代男性

面接の経緯

1カ月前にホスピスに入所してきた70代の男性。スタッフ，家族に対し暴言を吐き，心を閉ざしているので，面接してほしいとの依頼。

俺には時間がない，誰かに聞いてほしいと訴えているのに，誰も自分の話を聞いてくれない，という。看護師が話を聞くが，怒るだけ。

場：ホスピス→医師，看護師との連携が必要，1カ月に1度の面接に固定されている

リスク：入所しているので，病気についてはできることはやれている環境
家族とのトラブルがあるよう→家族とどんどん離れて孤独な死になる可能性
怒りが強いよう→暴力，器物破損，自傷行為の可能性
かなり周囲ともめているとのこと→警戒がかなり強いか→味方を重視

安全・安心：入所は同意のもとだろうか？周囲に攻撃されていると感じているかも……

病気：ガン，闘病によるうつ状態にあるのかも

エネルギー：闘病によりおそらく2段階

抑圧・緊張：入院という環境の変化で，緊張か

味方：これから

感情・思考：怒りが強いので，自分が正しいという思いが強い可能性
死ぬことへの恐怖や悲しみは，今のところマヒしている可能性も。

対処法：人への攻撃（？）

COObj：穏やかに死を受け入れられるようにする。できれば家族と和解する
CoObj：まず，味方になることを最重視。怒りの原因は，惨事対応で詳しく聞く。味方になれたら，入所について，病気，死について話してもらう

面接開始

カウンセラーが来るということを看護師に伝えてもらっていた。緊張しながら部屋に行くと，少し警戒した感じ。いつもより丁寧に挨拶･自己紹介をして，「いつからこちらに？」と質問すると，「1カ月前。ここに来たのは自分の意向ではない」と話し始める。語気は強くない。

ここに入所する前に緊急入院した。その時は痛くて痛くて耐えられず，救急車を呼ぶ間も，あまりの痛みで死ぬかと思った。娘に連絡して来てもらったが，痛さのあまり，怒鳴り散らしてしまい娘から「そんなことで大騒ぎして暴れて，おかしい，バカなんじゃないか」，「近所迷惑だから……やめてよ」と言われた。自分では我慢しているつもりだったのだが。

以前も，娘の犬が自分にあまりにも吠えるので，「うるさい」と大声で言ってしまったら，娘の家族に総すかんを食らった。

妻もがんだった。自分も妻の痛みはわかってあげられなかった。その時も息子と娘に「親父は人の痛みがわからない」と言われたことがあった。今は逆だ。

昔は家族のことをあまり顧みずに仕事をしていた。罰が当たっているのかもしれない。

でも自分がこんなにつらいのに，本当に誰一人わかってくれない。

何度も何度もどれだけ自分が苦しくて，痛いのかを伝えたのに。わかってもらえないイラ立ちからつい声が大きくなってしまう時もあった。俺がおかしいのか。

救急車に乗る前にそんなに大騒ぎした覚えもない。自分が覚えていないことがあるのだろうか。

バリア病
抑圧・緊張：入所のことを覚えていない
病気：とにかく身体の苦痛がつらい→医療の効果は？
味方：無理もないよM，よく頑張ったねMで，盛った要約を使い，細部を聞く惨事対処の聞き方で進めたところ，どんどん話してくれる。看護師さんの「すぐ怒る」という情報とは違う感じ
感情・思考：怒りだけでなく，自分に自信がなくなっている部分が予想され

る。特に，入所の時の娘さんの対応と，その時の記憶がないこと。自責の念もある

COObj：まずは味方の支援に徹する

CoObj：味方を強めるために，無力感を緩める解釈（物語）を提示してみる

説明により味方になる

カウンセラーが「覚えていないということはあるかもしれませんね。薬が強すぎた，もしくは　痛みが強すぎて……ということはあるかもしれませんね。」と話すと，痛すぎて，本当は多く飲んではいけない薬を立て続けて飲んだことを話してくれた。「そうだったのですね。それかもしれませんね。でも，本当に苦しくて苦しくて対処した結果だったのですね。」とその行為を否定しなかった。

大声を出してしまったこと，怒りが強くなっていること，などについて，原始人のメカニズムで説明しつつ，味方 M の要約をする。

「そうなんだよ。わかってくれる？　俺ばかりが悪くないよな。初めて自分のことをわかってくれる人がいたよ」と安心した顔。「その精神状態だったら，叫ぶことも大声出すことも本当に，無理はないと思います。でも，残念ながら，今私が説明したことは，ご家族にはわかってもらえないことがあると思います」と家族のことに話を向ける（話題のコントロール）。

バリア病

味方感：行為を認める解釈によって強くなった。

COObj：味方を維持しつつ，家族との和解の方向へ進む

CoObj：焦点となり得る搬送時の娘さんとのやり取りをもっと詳しく聞く

再度搬送の時の話（惨事であり家族のとテーマ）

ここに搬送された時の件で，現在は娘とも断絶状態のようなもの。たまに来ても目も合わせてくれない。俺が悪いのか！俺だけが悪いのか！と，興奮する。

この施設も，前の病院を退院した直後，体調の悪い中，いろいろ連れまわされ，わけもわからずここに決められた。俺の気持ちはまったく考えない。自分たち（家族）の都合でしか支援しない。

共感しつつ要約すると，落ち着き，自分は本当は家に帰りたい。誰にも迷惑をかけずに死ぬから。ただ死ぬ前に，死ぬ前になんとかわかってほしい。せめて娘とだけは和解したい，と訴えた。

どうして娘とだけかと聞くと，息子は昔から自分のことが嫌いで寄りつかなかった。自分も息子には厳しかった。しかし，娘はかわいかった。一緒にご飯を食べに行ったり，ゴルフに行ったりした。以前のような関係に戻れないとしても，笑って話をしたい。せめて，死ぬ前にもう一度。もう無理なのかな，と嘆く。

バリア病
感情・思考：やはり入院時が惨事体験となっており，家族への感情の問題が大きい。特に娘に対する思い
CO（Co）Obj：娘さんとの和解の方向で「できること探し」

その思いを娘さんに伝えては，と提案すると，「いっそう，嫌われる」と心配するので，この話をカウンセラーが施設長に伝え，カウンセラーが娘さんと話せる機会を持たせてもらうという手もある，などと，娘さんとの和解を模索するための具体的な作戦を二人で検討した。結局，今の時点でうまくいきそうな案は見つけられなかったが，「すぐには解決できないけど，何とかしていきましょうね」とお伝えしたところ，こんなに話を聞いてくれて，娘との関係の修復にも一緒に考えてくれるなんて，とてもありがたい。今日は話ができて本当によかった」と言ってもらえた。

バリア病
安心・安全，味方感：かなり高くなった
CO（Co）Obj：娘さんとの和解
（解説）以前，緩和ケアの第一任者と言われる医師の講座で，同じような状況の方の事例を聞いていた。せめて死ぬ前に家族と和解したい，という希望に対して，その医師は，ご本人に家族あてに謝罪の手紙を書いてもらい，その手紙を家族に渡した。すると，家族も軟化し，本人が亡くなる直前に家族と会い，その場で本人が家族に直接謝罪して問題解決できたと，という事例だった。

この時点では，その事例が一つのCOObjとしてイメージされ，そのために，次回どのように展開するかを考察していた。

一カ月後の次回の面接まで，患者さんが生きていていることを祈っていた。

1カ月後

1カ月後に会うと，お顔がすっきりしていた。

「あなたに話を聞いてもらってから，気持ちがとても楽になった。話を聞いてもらうということがこんなに凄いと思ってなかった。あの時までは，自分がこんなにつらいのに，だれもわかってくれない，何もしてもらえない，という思いをずーっと言い続けていた。自分は弱かった。結局，なるようにしかならない。あなたが言うように，ここ（施設）にいることはとても安全だと思った。薬も効いて，痛みもだいぶましだ」と前回のカウンセリングの後の変化を語ってくれた。

バリア病
病気：苦痛もだいぶ緩和
感情思考：明らかに前向き
COObj：私は講習で習った医師のやり方しかないだろうなと思っていたが，すでにクライアント自身の力で変容していた

現在の生活状況を聞くと，1階のデイサービスに行ってアートをやったり，書を書いたりしているそう。カウンセラーを連れて行ってくれた。いろはがるたの中から1枚選び，それをはがきぐらいの大きさの紙に習字で書くという課題。「負けるが勝ち」という文字が，2行に分けて「勝ち」という字は堂々と大きく真ん中に，「負けるが」のは少し薄く右側に配置されていた。

「どうしてこの言葉を選んだんですか？」と聞くと，「なんでだろう。これがよかったんだよな」と答える。「なんだか　今の○○さんの心境のようですね。勝ちが真ん中に力強く堂々といますね。そしてそれだけではなく，ちゃんと自分の悪かったなというところも認めている」と感想を述べると，「そういう解釈もあるのか。そうかもね。今まで，自分自分って言ってきたけど，それだけではないってわかったからな」と屈託なく笑う。

「これを見た娘が誉めてくれたんだ」というので，驚き，娘さんとの関係修復をいろいろ考えてきたことを伝えると，「ありがとう。でもなぁ，不思議と今は気にならないんだ。娘に無理にわかってほしいというより，みんなも大変だからなって思えて。それより自分の病気がよくなるか今は考えている。

カウンセラーさん，俺変わったよな」と力強く笑った。

バリア病
リスク：娘との仲が改善。本人が「わかってくれ」という訴えをせず，自分

のことに集中したことにより，娘さんにも余裕ができたよう
安全・安心：娘さんとの交流は大きい
エネルギー：改善を感じた
感情・思考：怒りが低下
味方：今後のサポートがしやすくなる関係になれた

その後

それから彼は，一カ月に一度のカウンセリングを楽しみにしてくれていたが，心理的には大きな動揺もなく，相変わらずデイサービスの作品制作に熱心だった。4カ月後，家族全員に見送られ，お亡くなりになったと聞かされた。

たくさんの制作物は，全部娘さんが「父の作品ですから」と大切に持ち帰られたそうだ。

施設長からは，「彼が変わったのはカウンセラーさんのおかげです，娘さんも感謝していました」とねぎらいの言葉をいただいた。

ガンという圧倒的な病に苦しむ人に対して，自分など何もできないと思っていたが，聞くことの力の大きさを，改めて認識させていただいた，とても大切な事例だった。

巻末資料

説明のための課題

本来は，相手に合わせて説明するのだが，まずは説明の材料となる，基礎知識が頭に入っていなければならない。そして，それを事例や比ゆなどを使って一般的なクライアントに説明できるレベルにしておく必要がある。

自殺企図

- 死にたい気持ちがある
- 仕事を休めない
- 自分の不調を人に言えない（対人恐怖，つけ込まれるかもしれない。恥をかきたくない，迷惑をかけたくない，脚を引っ張りたくない）
- アルコールを止められない
- 上司や職場に対するイライラが止まらない（暴力を振るいそう）

というクライアントが，「職場に行ったら問題を起こしそう。どうしたらよいか」と聞いてきた場合，どのような説明をするか。

惨事

- 2週間前，ペットが交通事故で亡くなった。ペットが死んだだけで，こんなにショック。学校にも行けない
- 眠れない不安
- 自分だけ反応が残っている（他の家族は平気）
- におい，音に敏感
- 集中できない。仕事を続けられないのではないか
- フラッシュバック的な思い返しがつらい

- 事故の時にのほほんとしていた自分が許せない（自責）

というクライアントが，「仕事は辞めるべきか。どうしたら，早くもとの自分に戻れるか」と聞いてきた時，どのような説明をするか。

うつからのリハビリ

- 職場復帰して３カ月目，治らない妄想
- 病院への不信，家族への不信
- 対人恐怖，うつになった時の職場に戻れない
- 家事ができない
- アドバイス通りにできない（こちらから積極的に挨拶しろ，人のよい面を見るようにしろなど）
- 死にたい気持ちに乗っ取られる恐怖（自分が信じられない）

というクライアントが，「どうしたらよいか？自分は治るのか」と聞いてきた時，どのような説明をするか。

周囲の人に対する説明

- セクハラ・パワハラで悩んでいる部下に，大したことではないと共感しない上司に対し，そのつらさをどう説明するか
- 部下が死ぬのではないかと不安でたまらない。止めないと，見張らないと，偏った考えを変えてあげなければ……と焦る周囲に，どう説明するか
- 彼は，逃げる癖がついている。その癖を改めさせなければ，彼の人生は成功しないという周囲に，どう説明するか
- 子どもの不登校で，登校させないと，一生ダメ人間になるという親にどう説明するか

用語の解説

(『クライシス·カウンセリング』で使われている用語の簡単な解説です。詳しくは『クライシス・カウンセリング』を参考にしてください。)

MC：

MCとは，メッセージコントロールの略語です。メッセージコントロールとは，カウンセラーが無意識に出しているいろんなメッセージをきちんとコントロールしてコミュニケーションをとることです。クライアントをコントロールしようとするものではありません。

具体的には，うなづき，相槌などの表情や要約・質問をすることを練習していきます。

カウンセリングだけでなく，すべてのコミュニケーションを潤滑にするスキルでもあります。

「味方」の関係：

カウンセリングの効果にはいろいろありますが，協会では「味方になる」効果を重視しています。多くのクライアントは，自分の価値観や感情・思考・行動を自己否定し，周囲からもアドバイスなどの形で，否定的なメッセージをもらって苦しんでいることが多いのです。

協会では，まずクライアントを否定しないことで，一緒に考えてくれる仲間がいると感じてもらう支援をします。その態度を「味方になる」と表現しています。

ロジャースの言う「受容や共感」の態度とほぼ同じ概念だと理解していただいて結構です。

惨事（体験)：

心理学精神医学では，テロや災害などの特殊なケースを「惨事」と定義する場合が多いのですが，協会では，試験に落ちた，失恋した，友人にひどいことを言われた……などの，日常的なショックな出来事についても「惨事」の範囲で扱います。

というのも，ショックの大きさは個人差がありますし，ショックを受けたときの一般的な反応は，テロであろうが失恋であろうが，程度の差こそあれ，同一の反応が生じるのです。反応の種類が同じなら，同じ対応の手順を活用できるからです。

自殺念慮，死にたい気持ち，自殺企図，

現場では，それ等の言葉の区分をする必要性を感じないので，協会では，「死にたい気持ち」とひとくくりにして説明しています。

メッセージ

言葉で「この料理が好きだ」と言っても，まずそうな顔をしたり，その料理に手を付けなかったりしたら，「その料理は嫌いだ」ということが伝わってしまいます。これを協会ではメッセージと呼んでいます。

対人のコミュニケーションでは，表面の言葉だけでなく，表情，話すテーマ（そのテーマにかける時間），何を質問するか，相手の話をどう要約するかなどで，メッセージが伝わります。

頑張れ系メッセージ，守ってやるよ系メッセージ

人を勇気づけるメッセージ群には，大きく2種類あります。一つは，もっと一人で頑張れ，というメッセージ群。もう一つは，もう十分頑張った，あとはみんなで守ってあげるよ，というメッセージ群。

元気な人には，頑張れ群のメッセージが効果的ですが，弱っている人には，守ってあげるよ群のメッセージが効果的です。

9メッセージ（プロセス），味方メッセージ

一般的にカウンセリングでは，守ってやるよ系メッセージを重ねて，クライアントをサポーとしていきます。

聞いているよ，大ごとだね，責めないよ，変わらなくていいよ，という基本メッセージに，苦しかったね，頑張っているね，を合わせて，味方メッセージと呼びます。味方になるために重要なメッセージです。

さらに，無理もないよ，善戦しているよ，と積み上げて，こうすればいいよという方法論に至るプロセスが，9メッセージプロセスです。

変われメッセージ

カウンセリングを勉強していない人が，普通の相談に乗るときはアドバイスや新たな視点を与えようとしてしまいます。これは，クライアントにとって，今のあなたのやり方はダメ，だから「変わりなさい」というメッセージになります。元気なクライアントには効果があっても，元気のないクライアントは，それによって非常に傷ついてしまうので，気を付けなければならないメッセージです。

他人事メッセージ

傾聴の態度を覚え，「変われ」メッセージを控えられるようになったカウンセリングの初級者は，努めて客観的視点からカウンセリングを進めようとする傾向があります。この客観的姿勢は，クライアントにとっては「他人事」のようなメッセージに受け取られがちです。

味方メッセージを出すには，もう少し積極的なかかわりが必要になります。

4 つの痛いところ（うつ，惨事に特徴的なつらい反応）（4 つの思考の偏り）

うつ状態の時や惨事直後は，思考が偏ってきます。その中でも，極端な自信の低下，極端に自分を責める傾向，極端に不安を感じやすい傾向，とても疲れや負担感を感じやすい傾向は，大変苦しいものです。

そこでこの「無力感（自信の低下）」「罪悪･自責感」「不安感」「疲労･負担感」を 4 つの痛いところと表現して，カウンセリングをする際に注意して扱います。

この 4 つの苦しさにきちんと共感すれば，クライアントは味方を感じてくれますが，非常にデリケートで「痛い（苦しい）」分，触り方によっては，クライアントを逆につらくしてしまうこともあります。

5 ステップ

表情を豊かにするために，うなづきのバリエーションを練習するときの用語です。

興味津々（教えて），了解（なるほど），驚き，保留，共感の 5 つのうなづきパターンを指します。

ダンスのステップを覚えるように，パターンで練習して，スキルを上げるためのものです。

要約・質問

味方になるための基礎スキルです。質問が責める感じの裏メッセージにとられやすいことから，要約と質問をセットにして使用することです。

盛った要約

メッセージは主に5ステップなどの表情によって伝わりますが，言葉でもきちんと伝えるには，クライアントが話した内容を，カウンセラーの理解を含めて味方メッセージが伝わるように，加工して伝え返すことが効果的です。

これを「盛った要約」と表現しています。

裏メッセージ（にとられる）（対策）

人はメッセージでコミュニケーションします。ところが誤解が生じることが多いのです。

カウンセラーがクライアントを助けようと思ってコミュニケーションしても，逆にクライアントが否定的に受け取ることもあるのです。

協会ではそれを「裏メッセージにとられた」と表現しています。取られないようにする，取られてもすぐリカバーすることを，裏メッセージ対策と呼びます。

がけ崩れ（対策）

裏メッセージに取られると，積み上げていた味方の関係を一時的に失うことがあります。これを積み上げプロセスが崩れたことから，「がけ崩れ」と呼んでいます。

しかし，がけ崩れを恐れる必要はありません。丁寧に観察しかけ崩れに気づけば，関係性を修復することはそれほど難しくありませんし，その時きちんと対応すれば，双方「分かり合えたという」感覚も生まれ，逆にカウンセリングが進むことも珍しくありません。

無力感（3つの無力感）（3つの自信低下）

4つの痛いところの一つです。無力感は自信が著しく低下していることです。

無力感には，何かができない，やり方がわからないという単なる客観的に「できない」をあらわす第１の無力感（できる場合は第１の自信）と，自分の性能や生き方などの基本機能の低下を感じる第２の無力感，自分は仲間に受け入れられていないという実感の第３の無力感（自信の低下）があります。

人が落ち込むときは，第１の自信の低下というより，第２，第３の無力感の場合が多いのです。カウンセラーは，味方になることで，第３の無力感からケアします。

クライアント力

カウンセラーだけの力で，カウンセリングは成功しません。

協会では，カウンセリングの成功には，カウンセラーの力量が３分の１，クライアントの力が３分の１，運が３分の１関わっているとお伝えしています。

クライアント力は，具体的には，クライアントの元気度，経験値，発想力，情報力などがあります。

惨事やうつのクライアントは，クライアント力が著しく低下しています。そのようなクライアントに対するカウンセリングでは，カウンセラーの実力が占める重要度が，相対的に大きくなってきます。

構造化（面接）

『クライシス・カウンセリング』では，カウンセリング初心者でもなんとか現場に立てるように，希死念慮対処と惨事対処の二つの構造化面接手順を提示しています。

悩みの仕組み

人の悩みは，視点の悩み，感情の悩み，うつ・惨事の症状としての悩みの３層に分けると理解しやすいのです。また，うつも惨事も，その悩みが深まっていくプロセスがあります。たとえば惨事の場合，ファーストショックがセカンドショックに移行する時に，「偏ったままの自責思考」と「追加の疲労」が関わります。そのようなプロセスを知っていると，どこにどのようなアプローチをすればいいかの予測を付けられます。

疲労の３段階モデル
(「2 段階」,「2 倍モード」「2 段階から 3 段階」など)

現代人のうつ状態は疲労からくることが多いのです。疲労は自覚しにくいので，3つの段階に分けて，理解するようにしています。通常の疲労，一日寝れば回復するような疲労の段階を，疲労の第1段階（通常疲労）と呼びます。疲労が蓄積すると2段階に至ります。2段階は2倍モード。同じ刺激や活動が，いつもと2倍のショック，2倍の疲労感として感じられます。3段階は3倍モード。3倍ショックで3倍の疲労です。

2段階は，まだ気合で何とかなるので「表面飾り」ができます。3段階になると，4つの痛いところが表面に出てくるので，本人とは別人のようになり（別人化），社会活動ができなくなります。

表の３倍，裏の３倍（表の３段階，裏の３段階）

疲労の3段階は，自覚しにくいことから裏の段階と呼びます。これに対して，惨事のように大きなショックに遭うと，いつもより3倍激しく刺激に反応する状態が生じ，それが時間とともに，2倍，通常というように低下してきます。

この変化は自覚しやすいので，表の3段階と呼んでいます。

しがみつき（行為）

人は，苦しさを解消するためにストレス解消法を試みますが，ストレス解消法が，逆にその人のストレスを拡大させるように働くことがあります。やめればいいのにやめられず，人から見たら，そのことに「しがみついている」ように見えることから「しがみつき」と呼んでいます。

アルコールや薬物，借金，買い物，過剰な運動などが，しがみつきの代表例です。仕事にしがみつく人は，休めないので，うつからの回復が遅れがちです。

表面飾り

しがみつきの一種。苦しさを自分で否定し，周囲にわからないように元気にふるまってしまうことです。

うつの第2段階までは，表面飾りができてしまいます。

うつの症状（疲労うつの症状）

カウンセリングの場面で，確認するべき症状を身体症状5つ，精神症状5つ（5＋5と表現しています）のことです。

身体症状は，不眠，食欲不振，頭痛，疲労感，その他の不定愁訴。

精神症状は，罪悪感，無力感（自信の低下），不安感，対人恐怖，死にたい気持ちです。

ライフイベント

日常的な出来事のことです。昇進，転校，転勤，結婚などが代表例ですが，誰にでも生じる日常的なものですが，案外人はその環境変化にエネルギーを使うものです。

たまたま，ある時期にライフイベントが集中していると，疲労の蓄積が生じやすくなります。

うつと相性の悪い出来事（相性の悪い出来事）

うつになると，4つの痛いところが刺激されやすくなります。

そんなときたとえば，スマホをなくしたりすると，元気な時なら仕方がないと割り切れる人でも，自分に自信を失い，自分を責め，悪用されることを極端に心配し，いつまでも探し続けて疲れ果てる，というサイクルに陥りがちです。

このように，うつ状態の症状を悪化させやすい出来事を「相性の悪い出来事」と呼んでいます。徹夜，海外旅行，クレーム受付，転勤，などがあります。

原始人の比喩

感情の動きを理解するため，原始時代にさかのぼって説明する手法です。

たとえば，不眠を病気ととらえると，とても深刻な感じがしますが，原始人的には，「周囲に危険があるから，今一時的に寝ないようにしている」と理解することができます。

惨事反応で自信を失っているクライアントには，この説明が非常に効果的です。

疲労（ストレス）のコップの比喩

疲労がコップにたまっていくイメージで説明する手法です。

疲労を泥水の3カ月物，ヘドロ状の1年物，コンクリート状の10年物に分けて説明します。3カ月物は，本人も理解しやすい最近のイベント。同じイベントを経験していても，コップがあふれる人とそうでない人がいます。

あふれる人は，1年物（蓄積疲労）でコップの大半が満たされてしまっている人。この場合，1年物は，ヘドロのように流れにくいので，コップを横にする（ある程度長期の休養をとる）必要があると説明します。

10年物は年齢とか持病とかトラウマなど。あまり変わらないので，それにこだわりすぎないようにします。

乾電池の比喩

自覚しにくい「疲れている」を，スマホなどの充電式乾電池の比喩で説明します。スマホ自体の機能には問題なくても，電池が切れれば，スマホは動かなくなります。設定をいじるのではなく，まずは充電をすることが大切，などと説明します。

荷下ろし

ある出来事が終わったときに，やってくるうつ状態のことです。

本人としては，イベントは終わったのに…と，無力感が大きくなります。

蓄積した疲労からの症状であると説明すると，納得してもらいやすくなります。

遅発疲労

荷下ろしと同じように，ある時期に疲労収支が悪化し，疲労の2から3段階に陥ると，通常の生活をしているだけなのに，なかなか本来の第1段階に戻れません。

そしてしばらくたってから，結局第3段階に落ちてしまうことがあるのです。

これをイベントから遅れてくる疲労という意味で，「遅発疲労」と呼んでいます。災害後半年から数年経った頃に多くなるうつや自殺をこれで説明します。

ＩＥＳ－Ｒ（出来事インパクト尺度）

惨事後の特異な初期症状，ASR（急性ストレス反応）の症状をチェックする心理テストです。PTSD（心的外傷後ストレス障害）の診断の補助に使われることもあります。

K 10（Kessler 10）

心身の不調を大きく見ることができる心理テストです。10問しかないので，現場で使いやすいテストです。

直接質問（「直Q」）

いきなり質問することです。クライアントは責められると感じやすい質問のやり方です。『クライシス・カウンセリング』では，この直接質問を避けるために，要約・質問のパターンを練習します。

横堀質問（縦掘質問）

あるテーマをどんどん詳しく聞いていく方法が縦掘質問です。逆に，まったく話題を変えてしまうのが，横堀質問。横堀質問は，きちんとその質問の背景を説明してからでないと，裏メッセージにとられがちです。

ファーストショック（ＦＳ）

惨事後の特異な反応です。医学的にはASR（急性ストレス反応）と呼ばれるものに，うつを合わせたものの総称です。

ASRの主な症状とは，

回避（つらい場所，話題を避ける），侵入（避けているのに頭から離れない，悪夢を見る），過覚醒（イライラしている，音やにおいに過敏）のことです。麻痺（感情が鮮明でない，記憶がない，現実対応の活動ができてしまう）を入れることもあります。

セカンドショック（ＳＳ，惨事の後，少し遅れてくるうつ状態のメカニズム）

FSのうちASRの症状は，時間とともに収まることが多いのですが，うつの症状が悪化することがあり，これをセカンドショックと呼んでいます。

セカンドショックが大きく長引くと，うつ病やPTSDに発展する場合があります。

ファーストショックは避けられなくても，セカンドショックを大きくしないことが，惨事後の支援の一番重要なポイントになります。

支援者癖

熱心に支援しようとするあまり，アドバイスを強要したり，話すことを強要したりしてしまう癖です。支援者自身が不安定な時，この支援者癖がコントロールできなくなります。

一緒に悩む

悩みに対して，共感した後，今後の対処方法をクライアントと一緒に考える姿勢です。客観的に「君の悩みはこうすればいい，こう考えればいい」というのは，味方Ｍではありません。

「簡単な問題ではないけれど，二人で一緒に乗り越えよう」そういう姿勢のことを表現しています。

リハビリ経緯表（A さんの例）

「今度こそ，「うつ」から抜け出す本」（大和出版 2010）から（抜粋修正）

A さんは，38 歳，調子を崩してから 1 年半。それほど長期化しているわけではないが，3 度の入院もしくは自宅療養を経験し，今，「もう治らないのではないか」という気持ちが強くなり，少し自暴自棄にもなっている。

調子を崩したのは，振り返ると今から 2 年前の夏。マイホームを建て，8 月に課長に昇進して，人生の絶好調期を感じていた。しかしその後，会社で起こった事故対応の主務で忙殺される日々が 4 カ月続く。クレームやマスコミ対応，管轄官庁との調整に追われているうちに，次第にさまざまなことが頭をめぐり眠れなくなる。酒とタバコが増えた。

自分では気がつかなかったが，体重は 8 キロ減り，ずいぶんイライラしていたという。

（新築や昇進は，めでたいことではあるが，実はかなりエネルギーを使う出来事。事故対応の業務は，対人関係のエネルギーをかなり消耗する。それが 3 カ月以上も続いていた。A さんは，疲労うつになってもおかしくなかったのだ。）

11 月になり，官公庁とのトラブルが増え，疲れ果てて「もうどうでもいい」という気持ちが強くなった。「死んだら楽だろうな」と考えることが多くなり，上司から強く勧められ精神科を受診。うつ状態と診断され，翌年（昨年）の 1 月いっぱいまでの予定で休みを取って休養した。

休みを取ったら，2 週間で元気になったような気がした。正月休み明けに職場復帰しようかと医師に相談したが，止められた。2 月 1 日から復帰することが正式に決まったら，やけに不安になった。

しかし，いったん職場に戻ると，以前のような気持ちで過ごせた。

「もう，完全に治った」という気がした。職場では軽作業を与えられていたが，休んでいる間のロスを埋め合わせしたいという気持ちが強く，人の仕事をもらっていた。

（疲労の閾値が下がっていなかったのだろう。十分な回復の前に，職場復帰をしてしまったようだ。）

自分から申し込んで，以前から興味があった営業の職に就けてもらった。しかし実際に営業活動するのは初めてだったせいもあり，3月の年度末営業の中で，なかなか成績を上げられなかった。そこに父の死が重なった。交通事故であった。長男であるAさんは，実家に帰り葬儀や保険請求，遺産相続などの手続きに奔走した。そのときは，元気に活動できていた。

葬儀から帰ってほっとした。しかし，営業で少し落ち込むと，死にたい気持ちを感じることが多くなった。頓服薬で対処していた。弱みは部下には見せられなかった。

職場では，小さいストレスなど問題ないという「俺について来い」型のリーダーを演じていた。営業のリーダーは，こうあるべきであるという彼の持論だった。部下に弱みは見せてはならなかった。

しかし，ゴールデンウイークを返上して仕事をしているうち，薬を飲んでも不眠が消えず，薬を飲みすぎ，商談に遅れるという失態を演じた。

（父の死なども大きな運命の波。うつのリハビリで大切なときに，たまたまこのような大きな運命の波が襲ってくることもある。リハビリが停滞しても無理は無い。このときAさんは「表面飾り」のしがみつきに陥っていた。これが結果的にうつの悪化に拍車をかけた。）

最近の様子を医師に告げると，入院を勧められ，従った。

2週間の入院で，かなり回復した。不眠も死にたい気持ちもなくなった。職場の上司と相談し，ここはしっかり治すことを重視して，ひとつ役職を下げ，業務量の少ない係の長として勤務することになった。

勤務自体は忙しくないが，以前いた営業の立場から部下を見ると，部下の動きに腹が立つ。つい，口調を荒げて指導してしまう。その分，結局ゆっくりしたペースで仕事をすることもできなかった。ただ，残業や休日出勤が無いため，余裕はあった。そこで，Aさんはこれを機会に，禁煙とダイエットを始めた。更に，その夏はたまたま残暑が厳しかった。

体重が減り，禁煙を続けている自分は，自信を取り戻したような気がしていた。

ところが，気分の波は大きく，イライラを部下にぶつける機会も増え，職場で孤立していった。マラソンと禁煙は，結局1カ月で挫折し，10月以降は，休日だけでなく平日もパチンコをするようになり，借金をすることもあった。

（A さんが，抵抗していた入院や残業の無い職務を受け入れられたのは，一歩前進である。しかし，まだ強い自分への未練があり，禁煙とダイエットにしがみついてしまった。どちらも我慢を要する作業，うまく行くことで自信を回復できるが，我慢がエネルギーを消耗するため，うつのときは通常長続きしない。その次は，パチンコや借金にしがみついた。これは罪悪感や不安感を強めるし，後に家族とのトラブルを引き起こす原因にもなった。）

そのころから，死にたい気持ちが頻繁に生じるようになり，また，うつ状態に戻ってしまうのではないか，そうなると退職をさせられるのではないかという不安が強くなる。会社では，相変わらず「俺について来い」型リーダーを演じていた。医師から休養を進められることがあったが，病気休暇を取ることを強く拒絶した。

12 月に，借金と妻の実家との付き合い，長男の進学などの件で妻と 2 週間にわたる不仲があり，離婚まで考えた。自分などいないほうが家族のためだと真剣に考えた。

長男の受験は，思うような結果が出なかったが，A 氏は，自分のせいであると感じていた。最終的に，長男がすべての受験を失敗したときから，不眠が強まり，結局 3 月末から自宅療養に入る。

ゴールデンウイーク明けから出勤しているが，もう治らないのではないかと感じている。薬が変わった。

職場の孤立感，妻との人間関係の悪化は，うつのリハビリに欠かせない「環境」を悪化させてしまっている。彼のイライラとしがみつきが主な原因だった。

更に，長男の受験という運命の波に際して，罪悪感と不安感が刺激されてしまった。うつの悪化も仕方が無い状態だった。

さて，ここから A 氏は戦略的支援のできるカウンセラーとめぐり合い，本書で紹介したような支援を受け，約 1 年をかけて回復した。今は会社の中で「人について良くわかっている」上司として部下から慕われる存在となっている。

リハビリ経緯表――Aさんの書き込み例

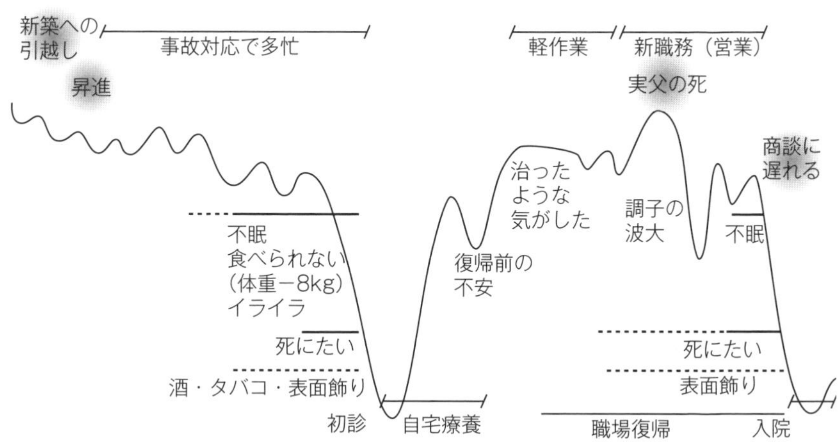

人間関係に苦労した
頻繁，もしくは長距離移動
悩んだ
睡眠パターンが崩れた
食事が取れなかった
ケガ，病気をした
肉体的疲労，過度の運動
緊張した
受検などの失敗
いじめ，ネットなどでの中傷
ストーカーにあう
薬を飲み忘れた
職場復帰した
あることで傷ついた
プレッシャーがかかった
大切な人との別れ，失恋，離婚
ショックな体験
子育てや介護の苦労
借金
マスコミなどの注目を浴びる
物をなくした，探した
知人が亡くなった
家庭内のトラブル
大きな買い物，取引
嫌なことを思い出すきっかけ
環境が大きく変わった
医師が替わった
災害・事件に遭遇した
妊娠・出産，子育て

うつと相性の悪い出来事の例

疲労感
自分を責める
自信がなくなる
不安が強い
過去をやたらと
悔やむ
眠れない
食べられない
体重の変化
体調の不良
涙もろい
不定愁訴

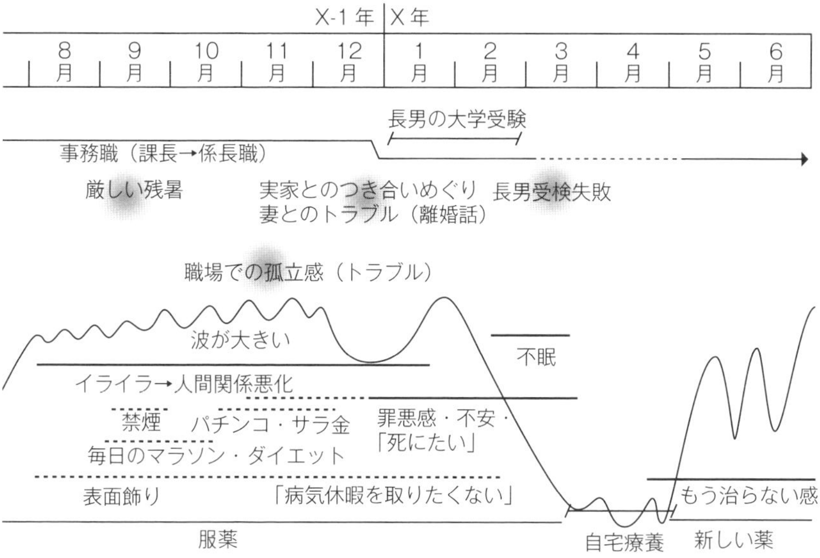

X-1年 | X年

8月 9月 10月 11月 12月 | 1月 2月 3月 4月 5月 6月

長男の大学受験

事務職（課長→係長職）

厳しい残暑

実家とのつき合いめぐり
妻とのトラブル（離婚話）

長男受検失敗

職場での孤立感（トラブル）

波が大きい

不眠

イライラ→人間関係悪化

禁煙

パチンコ・サラ金

罪悪感・不安・
「死にたい」

毎日のマラソン・ダイエット

表面飾り

「病気休暇を取りたくない」

もう治らない感

服薬

自宅療養

新しい薬

症状の例

仕事がさばけない
イライラ
あせり
物悲しさ
人を避ける
死にたい気持ち，
行為
退職したい
離婚したい
人間関係の悪化
ミスが増える

しがみつき行為の例

周囲に知られないようにした
何かに集中して忘れようとした
酒量の増加
タバコが多くなった
ギャンブル
買い物依存
借金
過食
リストカット
大量服薬
危険な行為をする
薬を飲まない

人に過剰に依存
異性依存
タバコの増加
薬物依存
夜遊び
危険で消耗する活動
を積極的行う
他人を攻撃する
引きこもる
持病の治療を中断する
過度の運動
ゲーム
SNS

■ 著者紹介

メンタルレスキュー協会

HP：mentalrescue.org

■ 監修者略歴

下園壮太

メンタルレスキュー協会理事長，MRSI（メンタルレスキュー・シニアインストラクター）

元陸上自衛隊心理教官。現役時代に数多くのカウンセリング，危機介入を経験し，それを基に独自のカウンセリング理論，トレーニング法を構築。現在はその普及に努めている。「海上保安庁パワハラ防止委員。

著書，マスコミ等の出演，自治体，企業への講演，多数

小野田奈美

メンタルレスキュー協会理事（事務局長），MRSI（メンタルレスキュー・シニアインストラクター），ヒューマンクレッシェンド代表

教員の休職復職支援，女性支援，ホスピス支援等の現場で多くのカウンセリングを経験。クライシス現場でも豊富な支援体験を持つ。温かみのあるカウンセリングとわかりやすい講義には定評があり，自治体や企業から多数の講演依頼を受けている。

著書に，「クライシスカウンセリング」「SNS カウンセリングハンドブック」（いずれも共著）など

クライシス・カウンセリング（上級編）

戦略的カウンセリングスキルとうつの社会復帰支援

2020 年 6 月 1 日　印刷
2020 年 6 月 10 日　発行

監修者　下園壮太・小野田奈美
著　者　メンタルレスキュー協会
発行者　立石　正信

印刷・製本　太平印刷社

装丁　臼井新太郎

株式会社　金剛出版
〒 112-0005　東京都文京区水道 1-5-16
電話 03（3815）6661（代）
FAX03（3818）6848

ISBN978-4-7724-1764-8　C3011　Printed in Japan ©2020